U0946105

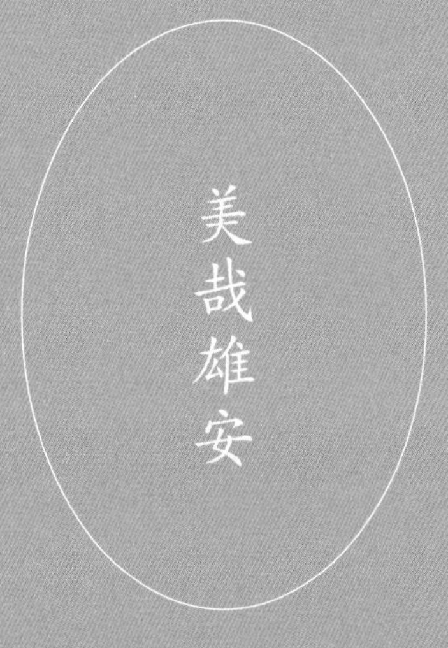
美哉雄安

魅力雄安丛书

河北大学雄安传统文化研究中心
保定市文化广电新闻出版局 主编

美哉雄安

李春雷 张梅英 著

河北大学出版社

图书在版编目（CIP）数据

美哉雄安 / 李春雷，张梅英著． -- 保定 ：河北大学出版社，2017.5
（魅力雄安丛书）
ISBN 978-7-5666-1191-8

Ⅰ．①美… Ⅱ．①李… ②张… Ⅲ．①开发区－概况－河北 Ⅳ．① F127.22

中国版本图书馆 CIP 数据核字（2017）第 101142 号

美哉雄安

出 版 人：耿金龙
选题策划：邹 卫 杨显硕
责任编辑：赵 谦 王占梅
装帧设计：赵 谦 王占梅
责任印制：靳云飞
出版发行：河北大学出版社
地址：河北省保定市七一东路 2666 号 邮编：071000
电话：0312-5073033 0312-5073029
邮箱：hbdxcbs818@163.com 网址：www.hbdxcbs.com
印 刷：保定市正大印刷有限公司
开 本：889mm × 1194mm 1/16
印 张：7.5
字 数：140 千字
版 次：2017 年 5 月第 1 版
印 次：2017 年 5 月第 1 次印刷
书 号：ISBN 978-7-5666-1191-8
定 价：45.00 元

“魅力雄安丛书”编委会

中国的明眸

——写给雄安新区（代总序）

每一个春天都是相似的，每一株荷花都是相似的，每一瓣萼片都是相似的。但，岁月不一样，年轮不一样，意义更不一样。

就像公元2017年春天的主角——白洋淀。

4月中旬，就在国家公布成立雄安新区的重大新闻之后，我再一次走进白洋淀，走进了她的温柔和宽阔。

暮春季节，风暖气清。绿茵茵的堤地上，杂树生花，油菜黄，槐花白，石榴红，姹紫嫣红，各呈其艳。清澈温静的水面，丰丰盈盈，波光粼粼，像大自然的微笑。最是那一望无际的小荷才露尖尖角，新嫩的叶片，毛毛茸茸，娇娇弱弱，仿佛婴儿的脸，宛若新娘的羞，在明媚和熏风中，摇曳着，弹奏着，呲呲呲，嗡嗡嗡，唰唰唰。那是大地的吟唱，那是太阳的私语，那是天然的音乐，那是现实的诗草……

所到之处，每一个人，每一株树，每一条船，每一辆汽车，每一座房舍，表面上都是安静的，若无其事的，但其内心，又都是激情的，跃跃欲试的。恰似一个已经披上红盖头的新娘，静静地端坐着，正在等待着一场天地间最盛大的婚礼。

京津冀，是她的娘家；而她的婆家，便是整个中国，整个世界。

是的，过去的白洋淀，是小家碧玉，是河北的女儿。而现在，她已蝶变为一位白领丽人，成为整个国家的公主。

这，是一个怎样令人瞠目结舌而又恍然大悟的惊喜啊，又仿佛是一个穿越历史长河的千年约定！

四十亿年前，地球正是一个莽莽撞撞、冒冒失失的毛头小伙子，精力过剩、大开大合、裂变重组。现今的河北平原与西侧的太行山脉，还是一个无形的胎儿，在海底酣睡。

漫漫二十四亿年间，阜平运动、五台运动、吕梁运动、蓟县运动、加里东运动、华力西运动……在一次次剧烈的造山运动中，天地间岩浆喷溢，海水煮山，溟溟漠漠。缀满日月星辰的产帐里，顿失浩渺无垠的蔚蓝。大海颤抖着、哭泣着渐渐后退，让位于缓缓崛起的峥嵘。

太行山挽着华北平原，从海水中悲壮地诞生，形成了原始的骨骼。

又是长达数亿年的混沌。这片山岩地带经过雨浸风化，变成肥沃的土壤，长成莽莽森林，衍生出低等的生命。

东风化雨、周流不息。长期的摸索、长期的磨合，大山与森林，终成眷属，生成了最适合、最稳固的生态系统。他们的女儿，便是脉脉细流，出落成小溪，发育为大河，带着嫁妆，嫁与平原。年深日久，便在太行山东麓形成了一个个扇形冲积区。

滹沱河与永定河冲积扇南北相峙。中间的低洼地带，形成一汪烟波浩渺的大湖。

这，便是儿时的白洋淀。

大山为屏，白云为幕，日月为灯，而白洋淀，就是一方舞台，演绎着大自然亘古漫长的铿锵戏剧。气候冷冷暖暖，森林进进退退，披毛犀、猛犸象、原始牛等大型动物，你方唱罢我登场。人类呢，远远地躲在太行山的洞洞里，只是这幕皇皇大剧的配角。

玉木冰期结束，气候变暖。大型耐寒动物们渐次退场，小鹿、黄羊们逐步登台。远远地躲在幕后的人类，也试试探探地走下山来，在白洋淀周边安营扎寨，打猎捕鱼，开始最早的原生态烧烤。

1986年，考古学家在白洋淀区域的徐水县发现一处古人类遗址。据考证，距今一万零五百年至九千七百年前后，为中国北方地区年代最早的新石器时代遗址。

生活在白洋淀这一方水土的先民，点燃了河北平原的第一堆文明篝火……

天地之心，神鬼莫测。造物者奇异的构思，人类永远也诠释不透。

仰韶时代（距今约七千年至五千年前）早期和中期，正处于全新世大暖期的鼎盛时期，气候暖湿多雨，华北平原河流纵横，白洋淀迅速发育，水域面积扩张到最大范围——南起博野、肃宁，北达固安、永清，西至望都、定州，东连古文安洼，覆盖今保定大部分地区，襟连廊坊、天津、沧州等地。烟波浩渺、水接遥天。

这场因地球大暖期形成的洪水，对华夏民族，影响甚巨。

《孟子·滕文公上》：“当尧之时，天下犹未平，洪水横流，泛滥于天下。”

禹遵舜命，全力治水，“开九州，通九道，陂九泽，度九山”，改障为疏，因势利导，历经十三年，水患始平。

而佐助大禹治水毕其功于一役的，正是白洋淀！

《尚书·禹贡》记载：“导河积石，至于龙门……北过降水，至于大陆。又北，播为九河，同为逆河，入于海。”

降水，即漳河；大陆，即大陆泽，在古白洋淀上游；逆河，指天津沿海一带。

据此可以推定：彼时，正是大禹引导黄河由西南而东北，横穿白洋淀，于天津入海。

当大禹最后掘通白洋淀的入海水道时，一项永载史册的伟大功绩诞生了。

于是，开启了中国历史上的第一个王朝——夏朝。

华夏民族，也由此正式踏入国家的轨道。

……

水运即国运，此言绝不虚！

商周时期，先民烧荒开垦野田。因为地广人稀，自我修复，生态依然葱茏。白洋淀像一汪澄澈的眸子，天真无邪。

公元前334至前311年，燕国为防御秦、赵、齐国入侵，在白洋淀北岸修筑南长城。

南长城西起今易县西南，向东经定兴、徐水、安新、任丘，至文安东南，全长二百五十余公里。

这便是白洋淀“长城堤”的前身，奠定了如今白洋淀的北界。

白洋淀一带，成为军事要地，有史以来第一次被提升到国家（诸侯国）战略高度。

东汉末年，曹操为统一北方，开凿白沟水渠、平虏渠、利漕渠、白马渠、鲁口渠，使“清、淇、漳、洹、滱、易、涞、濡、沽、滹沱同归于海”，初步形成了如今的海河水系。

逮至北宋，白洋淀区域再次上升到国家战略。大兴土木，建造西起今满城东北，东至泥沽海口，绵延七州郡，屈曲九百里，“深不可行舟，浅不可徒步”的“塘泺防线”，以拒辽兵南侵。

宋代建设，奠定了白洋淀今天的格局。彼时，白洋淀虽经人为修筑，但仍然丰盈和谐，澄澈宁静，碧玉温润，蓝天白云，日月沉浮，宛如一个安详的世界。

打破这一方宁静的，是元明两代的大肆破坏。

元在北京建立大都城。燕山、太行山茂密的森林遭到严重破坏。及至明代，砍伐愈烈。

亿万年来形成的生态系统，彻底紊乱。燕山、太行山区水土流失，下游河道淤塞，洼淀淤浅，退缩以致湮废。

《新安县志》记载，明弘治元年（1488年）之前，地处九河下梢的白洋淀已经淤为平地，“地可耕而实，中央为牧马场”。

恶性循环，愈演愈烈！

雍正皇帝汲取过去只筑不疏的教训，“既堵亦疏”，向疏泉、引流、建闸、筑堤综合治理的方向努力——“治直隶之水，必自淀始。凡古淀之尚能存水者，均应疏浚深广，并多开引河，使淀淀相通。其已淤为田畴者，四面开渠，中穿沟洫，洫达于渠，渠达于淀。”

乾隆三十七年（1772年），下诏严禁围淀造田。

然而，直至光绪六年（1880年），虽然重修千里堤，但白洋淀区域仍是洪灾不断。此后，清朝统治日见衰落，无心经营水利。及至民国时期，白洋淀地区更是“十年九涝”。

决策失误，贻害无穷！

中华人民共和国建立初期，白洋淀湖盆总面积五百六十一点六平方公里。因入淀河道狭窄，淀水宣泄不畅，加之堤防不固，每到汛期，一片汪洋。

为根治河北平原洪涝灾害，国家采取塞源节流策略，各入淀河流上游修建水库，拦洪蓄水。虽然减轻了下游洪涝灾害，但由于上游水库拦蓄，入淀水量逐年减少。

20世纪70年代初期，白洋淀治理再度出现偏差，错误地提出了“向淀底要粮”的口号，几乎给白洋淀带来灭顶之灾。

随后，工农业粗放发展，且用水浪费，导致地下水严重超采。白洋淀身下，竟然形成了全球最大的地下水超采漏斗区。

一汪明亮的美目，悄然暗淡，直至干枯。

……

中国人，痛定思痛，最终找准了自己的位置，与自然握手言和。

近年来，国家陆续上马“引岳济淀”“引黄济淀”等工程，终于使白洋淀重现生机。

从从芦苇、簇簇青葱之间，荷叶田田，萼红灼灼。白洋淀宛若一位村姑，焦虑过、痛苦过，却也在慢慢成长、成熟。

白洋淀，终于从历史的愁云惨雾中款款走出，蛾眉清秀，笑靥如花。曾经的忧戚与泪水，已经过去……

河北简称“冀”。

禹分九州，“冀”为其首。

“冀”，是希望，是期待，是梦想。

她，在默默地等待着什么？

世界格局变化，国内发展转型，都对中华民族的未来发展提出了新的更高要求，而首都北京，人满为患，远远超出了其自身承载能力，负重前行，力不从心。长此以往，必有决堤成灾之险。

治国如治水，真正的政治家，必然效法大禹，因势利导。

历史的目光四顾扫瞄，最终与白洋淀相遇——雄安新区规划横空出世！在2017年奏响了一曲更加雄壮的“春天的故事”。白洋淀区域，猛然被提升到前所未有的国家战略高度。

以白洋淀为核心的雄安，是雄韬伟略，是长治久安，更是一座走向世界的未来之城！

几亿年的沉睡，几万年的磨难，几千年的迷茫，几百年的彷徨，几十年的哭泣，几年来的凝眸，仿佛都是为了这个结果，为了这个老天在冥冥之中构思了亿万年的约定！

这个约定，出乎意料，极合情理；看似偶然，更属必然！

雄安新区，雄县、容城、安新三县呈掎角之势，互为表里。

这是一种天然的融合与对接，雄壮之风，包容之质，安详之气，中和融通。

“容城”之名的来历也颇有趣味：汉景帝年间，居然册封匈奴降王于此，称容城侯。这泱泱大国的包容气度，与后代生息于此的人们的精神特质是如此契合。

雄安之美，首在历史人文，厚重壮烈，可歌可泣。既有杨六郎坚守瓦桥关，舍身卫长城，又有杨继盛铁肩担道义，浩气还太虚；既有雁翎队大抬杆痛击日寇，又有孙连仲血战台儿庄；既有雄州子弟兵，“天下第一团”，还有“硬骨头六连”，天下无敌手。

还有这片肥沃土地里孕育的美的精灵：白洋淀芦苇画、苇编；雄县米家务纸花、黑陶；容城服装、布艺玩具和安新“一花三宝”（荷花，芡实、皮条、菱角）。当然，还有那些令人垂涎欲滴的美食：鸡里蹦、荷花茶、松花蛋、龙凤鸭……

在安新县的一个小村里，我邂逅了一位渔民老大娘。

老大娘问我，不知道将来雄安新区的楼房里让不让盘土炕。

她深情地说，睡了一辈子土坯炕，织了一辈子芦苇席；将来的新区，如果还能让她织席的手艺用得上，那该多好啊。说着，老大娘悄悄地告诉我，白洋淀最漂亮、最宽展的芦苇席，单领的尺寸是“一丈五”。

织一领“一丈五”的芦苇席，是白洋淀女儿当年最深重的承诺。特别是在出嫁的时候，那是带给婆家的必备的嫁妆，寓意丰满。

是的，未来的雄安新区，看得见山，望得见水，更应该记得住乡愁。

我相信，在那里，既会有高楼广厦，鳞次栉比；也一定会有逐水而居，渔歌互答。一座座青砖瓦舍的古朴土炕上，铺开着一领领宽展展的白洋淀芦苇席，清香袅袅……

正是暮春时节，村前村后，不时可以见到卖小鸡、小鸭的商贩。街巷里，到处是一阵阵鹅黄色、嫩白色的啼唤。

那是小生命破壳后的世界宣言，清越而纯净，热烈而执着。

那一天晚上，我住宿在老大娘村上的农家旅店。大土炕，芦苇席，踏实而温热，睡得特香甜。

早上醒来，忽然发现窗格上一抹猩红，颤颤的，鲜鲜的，如羞赧，如蛋黄，如初恋。我心内一振，马上起床，向外走去。

窗后就是白洋淀。湖水、芦苇和荷叶们仍在睡眠，一切耽于平静。圆润的水面，安谧、安详。那一涡涡依依稀稀的雾岚，是慵懒的梦呓。

渐渐地，猩红愈加浓稠，涂染着湖面，半湖瑟瑟半湖红。

这时候，太阳冉冉升起，惺惺忪忪的白洋淀，满面粉红，楚楚可爱。忽地，一阵风来，仿佛一通锣鼓，万物惊醒。顿时，鸣鸟满天，野鸭欢跳，所有的芦苇荡和小荷们，都兴奋地舞蹈着、鼓掌着……

是的，此时的雄安，宛若正在举行一场轰轰烈烈的婚礼。而她，就是这天地间最辉煌的新娘！

我仿佛看见，这美丽的新娘，已经睁开一汪澄澈的大眼睛，扑闪着浓密的、灵动的睫毛，看着中国，看着世界。

这中国的明眸，蓄满着微笑和自信，写满着对未来千年的美丽希冀！

而那一顶红盖头，便是宇宙间那垂挂天地的纱绸般的圣洁的晨曦，便是那红彤彤的中国梦！

李春雷

2017年5月11日夜12时于邯郸

目录

引子

大海是美妙的。

大海，总是在最平静的时候掀起波涛。

历史像大海，平静之处，横空出世，陡掀巨澜。

2017 年 4 月 1 日，当党中央、国务院决定成立雄安新区，疏解并集中承载北京非首都功能，将其定位于中国的千年大计，比肩甚至超过对浦东、深圳的定位时，在举世震惊中，人们才发现，原来雄安新区这个地方，有着深厚的历史积淀、沧桑的人文景观、旖旎的自然风景、丰富的特色美食。

如果说邓小平 1992 年的南方视察，揭开了深圳特区发展的序幕，那么习近平 2017 年 2 月的白洋淀之行，雄安——将注定承载一个时代的宏伟谋篇之重任，成为华夏文明发展的一个动力之源！

雄安新区一夜之间从籍籍无名变得举世瞩目，雄县、容城、安新，雄安新区的三架马车，已不待扬鞭自奋蹄，激情的岁月将被重新点燃。在这片蕴藏着无限生机的古老大地上，一幅波澜壮阔的画卷正徐徐展开。扬帆远航，承载着民族大业的航船正驶出燕赵大地的港湾。

雄安新区，实现了京津冀三地手拉手。

对于党中央来说，主动突破区域瓶颈，延伸首都大发展，这是一次罕见的高瞻远瞩的重大决策。对每一位雄安人来说，这是人生中千载难逢的一次机遇。当然，这也是所有中国人的机遇。

大国风范的展现，已经从首都开始。

随着中国“一带一路”的提出，中国越来越相信：走出去，就是大机遇。在首都的发展上，中国已不再局限于北京。

便捷畅达的交通，优良的生态环境，悠久的历史沉淀，灿烂的文化和良好的人文环境，与其说是历史选择了雄安新区，不如说是雄安新区让中国梦得到了延伸，为中国梦提供了“诗和远方”。

白洋淀区域浑然天成的历史、人文及自然景观，造就了无与伦比的雄安之美。这种美是热情豪放的民族之美、雄浑沧桑的历史之美、意蕴丰厚的人文之美。虽沉淀千年时光，却透射出时代的大气与开阔的格局。

雄安新区概念性总体规划的确立，综合纽约、芝加哥、华盛顿、东京、巴黎、北京等世界著名大都市地区的优点，雄安新区将开创中国城市创新发展新模式。

雄安突起，根植于厚重历史的文化沉淀。雄安的未来，不会抖落曾经的尘封记忆。雄安续航的过程，必是华美的自然和博大的人文情怀流淌延伸的过程。

美哉，雄安！曾经属于历史，如今属于未来！

“弄潮儿向涛头立，手把红旗旗不湿！”

匹配强国之梦的雄安新区，将以崭新的面貌展现在世人面前，雄安这片古老的神州大地，必将开创出一个新的神话。

山川之灵，其发有机；天地之气，其会有时。

雄安新区，一片浪漫的水域，一块希望的热土。其崛起和振兴，其时已至，其势已成，其兴可待！

相信中国力量，祈福雄安未来。

美在雄安！美哉雄安！

容祥大街

美之醇：屹立千年的背影

雄安之美，美在历史之醇厚。

白洋淀作为华夏文明主要承载地之一，从万年以前的冀中古湖盆洼地，到如今的“华北明珠”，见证了神州沧桑巨变的历史进程。明珠辉映之下，是一段段刀光剑影的爱恨情仇，是一幕幕兴衰无奈的朝代更迭，是一出出忠义凛然的荡气回肠……

历史赋予了雄安地区绵延不绝的传奇，燕赵先人又留给了雄安地区慷慨悲歌的背影。

这是一段怎样的情缘，穿透千年的历史记忆，用一份感动寻一处处美丽的历史传说……

中国是一个讲究寻根的国家。

根是什么？

根，其实就是我们的生存之源，发展之始，荣耀之本。所以，每当提起华夏民族，我们都会想到自己是炎黄子孙。

对于一座城市来说，它也是有根的。虽千百年来我们脚下的这片土地潮起潮落、烽烟不止，但总有一些城市在历经战乱后，最终保留了下来，从而有了自己沧桑的历史。

雄安新区并非横空出世、突兀而生。

雄安新区雄县、容城、安新三县很早就建城或置县。它们在漫长的历史长河中，在纷繁多变的地方行政演变里，早已留下了似曾相识的记忆。

对于雄县的地名，人们大都充满好奇，为何会起这么一个威武雄壮的名字？

查阅资料得知：原来雄县之名称与大雄山有关："县治西南二里，高峙数十丈，峰顶广夷，一名望山，以其标领群岫，为众望也。其左翼为小雄山，奇峰牙列，石罅甘泉出焉。五代周置雄州，盖因山为名。"

其实早在春秋时期，雄县便为北燕之域，到了战国的时候成为燕国的易邑地。若要追寻县史，或许要从五代十国的后周世宗柴荣算起。

华北明珠

"雄"者，名取威烈，以彰武功，有威慑北辽之意。

这也是雄州得名之始。

直至洪武七年（1374年），雄州降为雄县。

如今的雄县，南倚"华北明珠"白洋淀，北靠"中国北方购物天堂"白沟。在这片五百二十四平方公里的土地上，生活着三十八万燕赵儿女。

雄县的地下蕴藏着千年涌动的地热水源。由于特殊地质，得天独厚。为此，雄县被国土资源部命名为“中国温泉之乡”。

雄县“古”韵极丰，由于历史上与老北京城有着千丝万缕的联系，民间有着大量的珍藏古玩，古曲、古艺也广为流行，是“中国民间文化艺术之乡”“中国最具特色旅游目的地”“中国旅游文化示范基地”“中华诗词学会培训基地”，等等。

除此之外，雄县的古玩收藏与交易也成为当地一景。

民间收藏雅好，已有五百多年历史。其中，雄县的张岗交易市场于 20 世纪 90 年代初形成了一定规模，辐射全国及港台地区与东南亚，成为全国立市早、规模大、知名度高的著名古玩市场，比北京的潘家园旧货市场还要早十二年左右。

容城，也是个千年古县。

早在两千二百多年前，强盛的秦朝便在这里设置郡县，名为宜家，属上谷郡。而容城之名的由来，也要追溯到汉代。

据《容城县志》记载，汉景帝中元三年（公

雄县赵岗音乐会演奏

容城经典诵读活动

雄县温泉

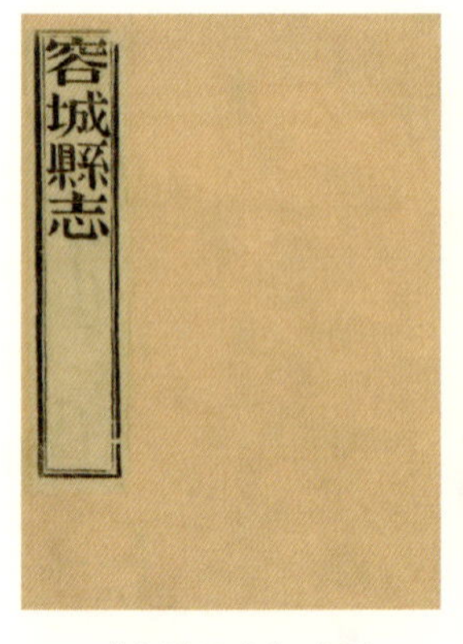

《容城县志》书影

汉景帝像

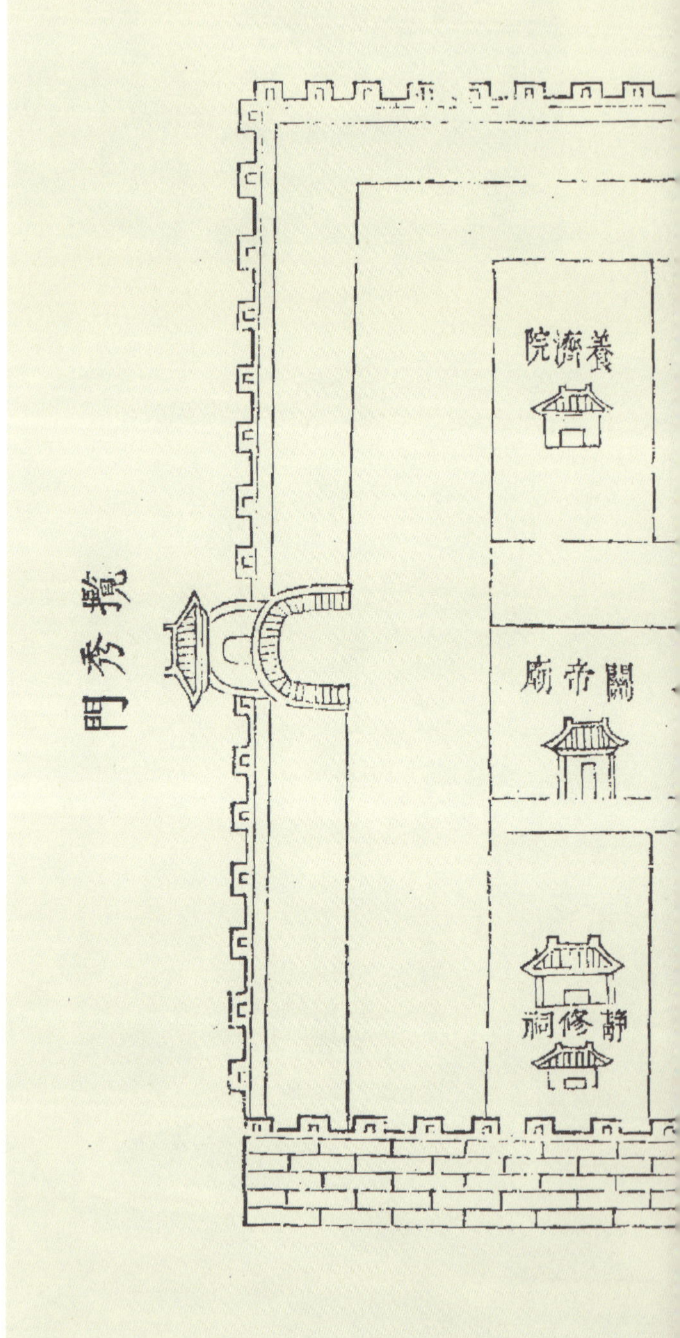

元前 147 年），册封匈奴降王〔唯〕徐卢为容城侯，建立容城侯国，从而开启了容城的称谓。

关于容城，还有另一段传说：道家始祖容成子，道号易家，曾脚踏龟背，观日月星象，受龟纹启示，绘成阴阳文。后来，姜子牙在此基础上绘成八卦。文王演《易》后，感容成子之功，追封容成子后代，封号“易家”。封地之内，不纳税赋，不服徭役。后代感念始祖恩德，此地改叫容成子，后演为容城。

据《畿辅通志》记载，容城县自西汉始建，至元代，容城县县治一直在城子村。唐初曾在此置北义州。城回七里，为土城。明景泰二年(1451年)迁今城址。岁久坍塌。明景泰、成化年间曾重修，并命名西门为迎恩门，北门为镇朔门，南门为景阳门。隆庆二年（1568 年），奉文将城墙增高二尺，加厚三尺，壕池阔三丈五尺，深一丈五尺。隆庆三年，于三门外各置木桥一座。万历时始建城楼。

现在的容城作为“北方衣橱”，不仅在历史的长河中孕育了诸多人文故事和美丽传说，同时

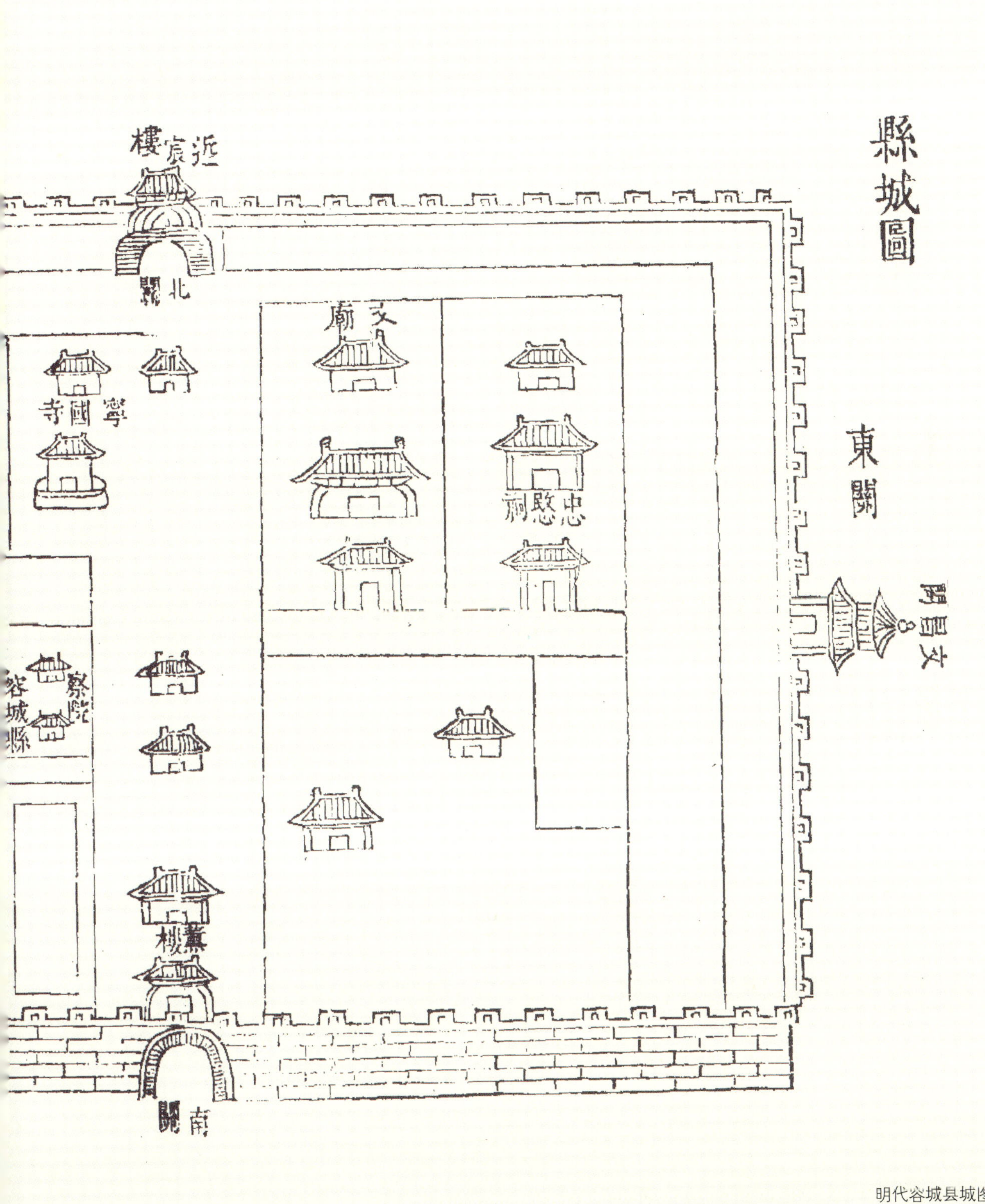

明代容城县城图

容城服装厂车间

也创造了当代的时尚传奇。

在容城县主城区入城关口，一座“北方服装名城”的大门赫然挺立，对这个拥有着两千多年置县历史的城市进行着新的注释。

容城紧临北京周边最大的、北方著名的小商品集散地——白沟，其商贸物流和加工业对周边经贸有着强烈的拉动作用。

2006年，容城被中国纺织工业协会和中国服装协会评定为“中国男装名城”和全国纺织产业集群试点，成为闻名全国的北方服装名城和服装出口基地，与浙江义乌、诸暨并称全国三大衬衫生产基地，行业内素有“南石狮、北容城”之誉。

相较而言，安新县虽然设立于1914年，但历史上安新境内，曾经有过两个千年历史的州县：一个是新安县，旧时也称渥县，其治所位于安新县北部、今安新县政府所在地；另一个则是位于西部的安州，旧时也称葛城，其治所在今安州镇。

“安新”二字也是“安州”和“新安”这两个地名的合称。

新安和安州的发展发源于战国时期的两座城：葛城与浑泥城（也称浑埿城）。史载，战国时期，赵国筑葛城，燕国筑三台城、浑泥城。葛城，就是后来的安州，因为它在濡水之阳（北岸），也称为濡阳。浑泥城则是后来的新安，县史能追溯到宋代，建城史可以上溯到战国时期。

由此看来，安新也的确配得上千年古县的称谓了。

不知是机缘巧合还是上天有意为之，沿北京中轴线南行一百六十二公里，便是今日安新的城市坐标。环顾安新四周，东与雄县、任丘相连；南与高阳接壤；西与清苑、徐水交界；北与容城毗邻。这片七百多平方公里的土地，养育着三十九万勤劳的水乡儿女。

作为河北省二十个循环经济产业示范县之一，素有“南温州、北安新”之美名的安新，不仅是华北地区最大的废旧有色金属集散地，还是华北地区最大的鞋业生产基地。

“雄县、容城、安新”三县，看似都有自己独特而延续的建置史，但在汉代以后的很长一段历史时期里，相互之间却有着错综复杂的省并史——安新县在唐代之前都是并入容城县之中；容城县却在宋、元、明时期，反复在并入雄县和独立设县的两种行政状态中变化；雄县在宋、金时期是为雄州，地位重要，辖地广阔。

总的来说，这种情况的出现除了各个历史时期不同的政治需要，最为重要的主要还在于三县

容城县迎宾门楼

容城县服装企业

都是环白洋淀而设，彼此之间地理位置相近、人文习俗相通。

厚重的历史给了雄安新区厚重的记忆，而雄安新区也必将用厚重的未来还给历史一个美丽的延续！

笼罩厚重的历史面纱，雄安三县在各自的生存空间里，都有着谜一般的别样情怀——

纤花细草满春洲

走进一座城市，总想寻觅一些历史的蛛丝马迹，满足一下猎奇的心理，也算是与这座城市结下一面不解之缘。

对于安新这座城市来说，虽不曾承载古皇都的荣耀，却有一段美丽动人的爱情故事。

据载，金章宗时，对于并非皇城的浑泥城（即后来的安新城）进行了一次大规模的重筑，并改名为“渥城”。史载，“周九里、高二丈、阔九丈，池深一丈、阔四丈。旋改浑泥城为渥城县”。

作为一代君王，金章宗为何如此看重这座城？原来，浑泥城是他非常宠爱的妃子李师儿的故乡。

本来，出身微贱的李师儿因父有罪，没入宫籍监，充当宫女。换作旁人，可能会在深宫中终老一生，然而，李师儿不仅姿色绝世，而且聪颖过人，很多东西一学就会，诗词歌赋，琴棋书画无所不能，又极善解人意讨人喜欢。于是被章宗看上，并在明昌四年（1193 年，宋光宗绍熙四年）被封为昭容，次年进宫封为淑妃，承安四年（1199 年）又改立为元妃，实为当时的六宫之主。

相传，为了赢得美人心，章宗费尽心思。他不仅对李师儿故乡县城大加修葺，还设置了景宁、广德、来远、安仁四座城门，将安州治所迁入安新县，大大提高了安新的地位。

当时章宗不时携李师儿巡幸渥城。自明昌五年（1194 年）起，年年必到。一是来白洋淀渔猎游玩，二是方便李师儿回乡省视。据《新安县志》载，金章宗在渥城内建立衙署。章宗看中其地理位置适宜，生态环境可人，遂辟为“春水”场地。为驻跸所需，又在渥城西南修建宫苑，即离宫，名为“建春宫”。离宫往西为莲花池，城下有观莲台，为章宗赏莲之处。在城东南立午门，为章宗出入之门，名为章宗门。在东南城角建“望鹅楼”，楼下有大小鹅池，是章宗游幸观鹅之所。因此后人有诗云：“新安城上有高楼，金粉香销几百秋。传是章宗游览地，纤花细草满春洲。”当年“离宫之壮丽，楼阁之峥嵘”可见一斑。

江山如画、美女如斯，能够专门为了一位宠妃兴修了一座城池，这在中国历史上并不多见。

真的无法想象李师儿有着怎样的绝世容颜和超凡智慧。或许白洋淀不仅盛产美景，同时盛产美女。

爱江山，更爱美人，皇帝凡人，一同此心。

有趣的是，李师儿与北京还有一段缘分。

金国首都中都城就是今天的北京。

当时在中都东北郊，有一座风景秀美的皇家园林太宁宫，也就是今天的北海公园，李师儿和章宗经常缠绵悱恻，流连于此。据说有一次，两

北海公园琼华岛

人一起在太宁宫的琼华岛上赏月，章宗顺口出了一个上联“二人土上坐”，讲的就是他们两个人坐在这琼华岛之上共享良宵，而且二人和土字正好组成了最后的“坐”字。机智的李师儿当时便对了句“一月日边明”，将自己比作月亮，而将金章宗比作太阳，日月合在一起，正是最后的“明”字。这个下联，令章宗皇帝大加赞赏。

这则故事，如今是人们在逛北海公园时常提及的一段谈资。

自古安新不寂寞。爱一个人，守两座城，对今天的雄安新区来说，或许早在八百年前，就与北京结下了一段千古奇缘。

因李师儿自小爱荷成癖，对“清水出芙蓉，天然去雕饰”的荷花更是情有独钟。为了让她在清晨起来梳妆打扮时也能够看到荷花，章宗就命人在此修建了一座荷园，并修建了梳妆台，后人称之为“妃子妆台”。每当章宗来渥城巡幸时，李师儿常伴章宗来此赏荷观莲，吟诗作赋，留下了许多动人的爱情故事。

千百年来，渥城历史的记忆随着时代的更迭不断更新，新的事件湮没了旧的故事。当年李师儿与章宗那些悲欢离合的动人故事，早已烟消

映日荷花

金章宗元妃雕像

云散。可家乡人民并没忘记这个渥城的美丽女子，他们把李师儿经常观荷的地方，称作“元妃荷园”。

如今的元妃荷园水域辽阔，水质清澈，四面芦苇环绕，水中荷花满园，是白洋淀生态游乐景区中最美的景观之一。

荷塘中木船和脚踏船在荷丛中穿梭，融美于花。芦苇娱乐区内巧布迷宫，来自喧闹之区的游客，走进茫茫芦荡，寻幽探奇，常常误入藕花深处，别有一番滋味。赏荷长廊，千米水上浮桥，与三座拱桥连在一起。元妃塑像潇洒飘逸、栩栩如生，宛若当年的倩影。

“舞榭歌台，风流总被雨打风吹去。”回望历史长河，曾经的帝王将相、后宫宠溺，被时间一层层剥离，只留下千年的佳话，被后人传唱。

雄关漫道真如铁

“雄关漫道真如铁，而今迈步从头越。”毛泽东曾经在他的名作《忆秦娥·娄山关》中这样写道。

这是一种豪迈情怀，对于雄县来说，也是一个真实的写照。

瓦桥关，这座自唐代穿越而来的古老雄关，便是雄县生命力最震撼的守护。

五代十国时期，后晋开国皇帝、臭名昭著的石敬瑭为了坐稳宝座，不仅认契丹人作父，还将国境北部的“幽云十六州”作为礼物割让给了契丹。

不得不说，拿国土作礼物，石敬瑭这个败家子算是败到了最高境界。

然而，燕赵大地自古便多慷慨悲歌之士。后晋的愚蠢之举，洞开了中原政权山脉的天然防线，随时有被北方政权侵袭的危险，这让后周皇帝柴荣坐立不安。他下定决心亲率王师北伐，夺回“幽云十六州”。一番作战之后，收复了瀛州（今河北任丘）、古莫州（今任丘鄚州镇）和“三关”（一说瓦桥关、益津关、淤口关）地区，并在瓦桥关设立了雄州，以震慑北辽。

正当柴荣意气风发，准备继续挥师北上时，历史没有给他机会。他不合时宜地病倒了，北伐只能终止，大军无奈班师回京。不久，柴荣去世。而此后的故事，在著名的评书《杨家将》《岳飞传》

瓦桥关

中都有过记载：赵匡胤接手了柴家的江山并赐给柴荣后代丹书铁券，还多次告诫宗室中人，将来无论如何不能为难柴家人。

遗憾的是，北宋虽然接替了后周政权，却没有接过雄心大志。终宋一世，"幽云十六州"都没有全部收复。柴荣收复的这"三关"地区，最终固定为宋辽对峙的前线。

戍边守关，是保家卫国的直接体现，也是中国古典诗词里最浓烈、最豪放的激情！

"边关本是苦寒地，况复严冬入虏乡。一带土河犹未冻，数朝晴日但凝霜。"边关之苦，是身处繁华都城中的王侯将相们难以体会的。

当时，北宋诸多名将，如何承矩、李允则都曾镇守瓦桥关。但最著名、镇守时间最长的莫过于六郎杨延昭。

这个通过评书《杨家将》在中国历史上家喻户晓的北宋著名将领，曾在瓦桥关至益津关一线坚守十六年。为了守住边关，他想出了两个办法，一是利用白洋淀地区多湖泊的特点，率领大军挖开堤坝，将这些小规模的湖泊连成了大范围的湖泊，通过扩大水面阻止敌军入侵；二是开挖"地下战道"，屯兵屯粮打持久战。

失之东隅，收之桑榆。或许连杨六郎也没有想到，当初无奈开塘连片的御敌之举，竟然成就了白洋淀一方水土，最终以富饶的物产造福了淀边的百姓。

翻阅史书，“白洋淀”这个称呼最早出现在《宋史·河渠志》，当时叫作白羊淀，与之对应的还有黑羊淀等湖泊。

无论名称如何变化，有一点是确定的：白洋淀在北宋时期，是中原王朝的“水上长城”。

关于古战道，据史载：雄州城有地穴与霸州城的引导洞相通，约七十里。如此宏伟的地下防御工程，不得不称是古代军事史上一大奇迹。古地道内错综复杂，有迷魂洞、藏兵洞、掩体、翻板、翻眼、放灯处、通气孔等，防御性较强。敌兵由迷魂洞通过，会迷失方向落入陷阱之中。翻眼处只能一人通过，且须弓身，会被把守的士兵轻而易举地杀伤。藏兵洞洞体高大，可容大量士兵，在战争需要时可出奇制胜。

20世纪60年代以来，考古工作者先后在孤庄头、祁岗挖掘出古战道，在县城东挖掘出古战道及点将台。从初步挖掘的情况看，古战道绵延几十公里，从雄县向东北经霸州直至永清。宋辽边关地道为青砖券顶结构，由甬道和洞室两大部分构成，内部结构复杂。最大的洞室长八米，宽三米，高三米，甬道最低处仅零点六米。古地道设计合理，顶部券顶，墙宽厚，顶部压力可由墙体传入地下，而且通道每隔几米就有一小券门支撑顶部，因而有些洞室历经千年仍未坍塌。根据地道的结构、走向及出土的器物，可以认为此地道在军事上有三个用途：藏兵运兵、迅速暗传情报、用声学原理监测敌情。

专家学者经过多次考察鉴定，一致认为，宋

宋辽古战道外景

宋辽古战道内景

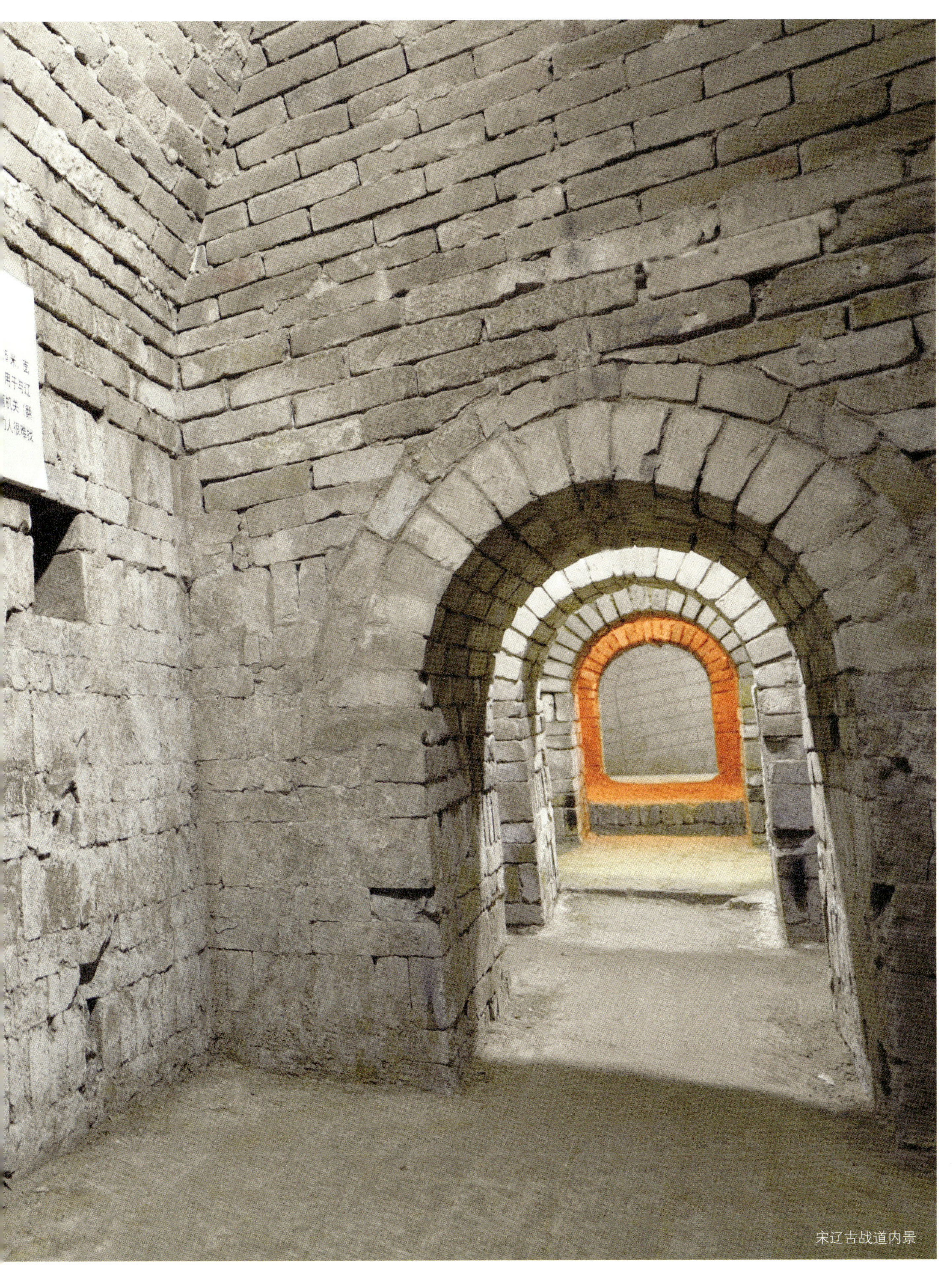

宋辽古战道内景

辽边关古地道设置了“引马洞”“藏兵洞”“议事厅”“瞭敌洞”“迷魂洞”等，有着实战功能。且砌筑的青砖规格与质量基本统一，经过了精心规划设计。历史上挖掘如此大型持久的防御性地下军事工程，不仅国内仅此，全世界都十分罕见，因此它有着重要的历史文化价值，堪称中国宋辽史上的“地下长城”，是宋辽争霸历史的最好见证。

天下大势，合久必分，分久必合。这个曾经让软弱的北宋勉强维护国体的重要北方关隘，如今看来，不过是中国境内的一处小小回忆。那些回荡在古城楼上的号角，早已散尽在历史的上空。若非今日中国之强大，这样的边关，我们还要据守多久？

一座瓦桥关，其实就是一个朝代的缩影。宋早灭，城犹存！只是对如今的中国来说，它只是一处凄美的风景！清代著名散文家姚鼐来到这里，感慨万千，曾写过一首《雄县咏周世宗》的七律，聊抒胸怀：

世宗北伐志犹勤，山后宁容地剖分。
天意自留耶律氏，人心俄变殿前军。
五朝庶见真神武，再世何难嗣守文。
反复兴亡无处问，瓦桥关外又斜曛。

或许，这是古人对瓦桥关最动情的解读。

实际上，“雄州”并不是雄县历史上的第一个行政区划名称，早在春秋战国时期，这里便被称为“易邑”，是燕赵两国交界处的一座重要城镇。到了东汉末年，公孙瓒与河北霸主袁绍抗争，最终被袁绍逼到易郡一带。为了构筑坚固的城防，做好长期抗争的准备，公孙瓒在易郡周边挖掘了十几道壕沟，并利用挖出的土筑起了若干座高大的土丘。其中，位于最中央的土丘由公孙瓒亲自驻守，他还给这座土丘起了个“易京”的名字，并在里面囤积了大量的军粮。袁绍在攻打易京之初颇费了一些力气，然而，“魔高一尺，道高一丈”，一座城池怎能决定历史的归路。最终，智力在这场斗争中发挥了作用，通过挖地道，易京终被攻陷，城破之日公孙瓒自杀身亡，从此袁绍统一了北方。

丹心昭万古

“富贵不能淫，贫贱不能移，威武不能屈。”

中国历史上不乏浩然正气、精忠报国的典故。岳飞、于谦、文天祥等，都青史留名，流芳百世。

燕赵多慷慨悲歌之士。作为华夏古文明重要区域的白洋淀，汗青悠长，人杰地灵，曾孕育出无数仁人志士，辉耀千秋。

走进容城，随便一个本地人，都能给你讲一段元初著名学者刘因、明朝诤臣杨继盛、清初大儒孙奇逢“容城三贤”的故事。

而三贤之一的杨继盛，更让人扼腕叹息！

提起杨继盛，可能一般人并不熟悉。

1895 年，由于清军在中日甲午战争中战败，丧权辱国的《马关条约》签订在即，赴京赶考的举子们在康有为的号召下集会，联名上书光绪皇

杨继盛祠堂

帝，反对在条约上签字。这次集会发生的地点，便是在祭祀杨继盛的祠堂——如今位于北京市西城区达智桥胡同的杨椒山祠（亦名松筠庵）。

杨继盛是明朝嘉靖二十六年（1547 年）进士，号椒山，曾任南京吏部主事。在短短八年的仕途生涯中，他用生命诠释了“忠臣”和“直臣”这两个词汇的含义。

古语云：寒门出孝子。

杨继盛一生可谓命运多舛：七岁丧母，十岁丧父。到了三十岁时又丧长子。尽管如此，苦难并没有磨灭他的才华与大志。

他从小就善于作对子，史书有“每作对，人辄称善”的记载，民间也流传着大量关于他的巧对佳话。

杨继盛刚入私塾读书的时候，同学中有一个年纪较大的学生。一天，私塾先生出一个对子：“老学生。”谁料先生话刚说完，一边的杨继盛就脱口说道：“小进士。”先生听后，大为惊诧，点头称赞。还有一次，杨继盛的表叔辛体元来家里做客。家中无酒，杨继盛便到酒肆去买，不巧酒肆里也没有酒了。辛体元便出了一个上联，戏谑道：“无酒是穷主。”杨继盛随口对道：“有儿为名臣。”辛体元听罢，大为赞赏。

杨继盛长大后，果然成为了大明王朝的一代名臣。

杨继盛像

杨继盛手迹

为官之后，杨继盛开始大量创作对联，且看这一时期的名联佳对："无情岁月增中减；有味诗书苦后甜"，"是何意态雄且杰；不露文章世已惊"，"扬子江头渡杨子；焦山洞里住椒山"，"欲求养性延年物；须向兼收并蓄家"，"人莫心高自有生成造化；事由天定何须苦用机关"，等等。

尽管满腹经纶，杨继盛却多次赴考而不中。

在考中的那一年，张榜之前，有朝中大臣两次差人通报，他考中第一甲。这意味着他不是状元郎，也应该是个榜眼、探花了。可开榜时，榜上却明明白白地写着，他中的是第二甲第十一名，名次至少往后拉了十一位。原因是有位大学士认为，杨继盛的策论中多有伤时之语，不敢进呈，所以只得屈就了。

嘉靖二十九年（1550 年），杨继盛奉调入京。

当时，蒙古俺答汗部不时骚扰明朝北部边陲，咸宁侯仇鸾主张开马市与俺答汗部媾和。杨继盛向皇帝上《请罢马市疏》，陈述了"十不可、五谬误"。这道奏疏令仇鸾十分恼怒，他便想尽一切办法陷害杨继盛。先将杨继盛下诏狱，后将他贬官。

后来，嘉靖皇帝意识到杨继盛的奏论是正确的，便再次起用他。第二年，他又因谏当朝奸相严嵩之"十大罪五奸"，为奸相所害。严嵩捏造罪名将其下狱，并处以重刑，杖一百四十棍，带长板，系镣铐。在受杖前，有人送给他蚺蛇胆一块并酒一壶，告诉他吃了蚺蛇胆可挺得住杖刑，劝他食用些。他却笑着说："椒山自有胆，何必蚺蛇哉？"只饮酒一杯。受刑后，伤口感染，半夜醒来，他打碎瓷碗，自己用碎瓷剜去身上的腐肉。令人遗憾的是，虽有众人为他奔走营救，但未能改变其悲惨的结局。

嘉靖三十四年（1555 年）十月二十七日，杨继盛被害于西市。

行刑前夜，他立一道约三千字的遗嘱，对身后诸事作出安排。他在遗嘱中说，人的死有别，有重于泰山，有轻于鸿毛，并认定自己的死是重于泰山的。他在临刑前，还吟诗二首："浩气还太虚，丹心照万古。生前未了事，留与后人补。""天王自圣明，制度高千古。生平未报恩，留作忠魂补。"

杨继盛去世后，京城的老百姓敬而悯之，将其故宅改成庙来供奉，尊为"城隍"。

清初，为纪念杨继盛，容城曾建有一木质牌楼。牌楼雕梁画栋，横匾书"匡国之臣"。

至今，杨继盛祠仍是容城一个最著名景点。

杨继盛，这位"明朝第一直臣"，堪称中国古代知识分子的楷模！

美之邃：古迹人文的遗香

雄安之美，美在古迹之沧桑。

古迹是历史与传承的血脉，是时空与文明的足音，是深度与厚度的自豪，是发展与追溯的根基。皇冠若非钻石镶嵌，便不显其华贵；城市若无古迹点缀，便不显其底蕴。

薪火相传，血脉相承。

对一座城市而言，若能寻出一段久经烽火残缺的古城垣、觅到一处浸润人文内涵的古遗址，那都是不可多得的美丽瑰宝，它们代表着城市文明古老的身份，见证着城市精邃深远的文化背景。

无处不见的古迹遗存，让我们看到雄安的历史脉络。

对于雄安，每一处古迹，不仅是雄安人的精神财富，更是所有炎黄子孙的共同骄傲。

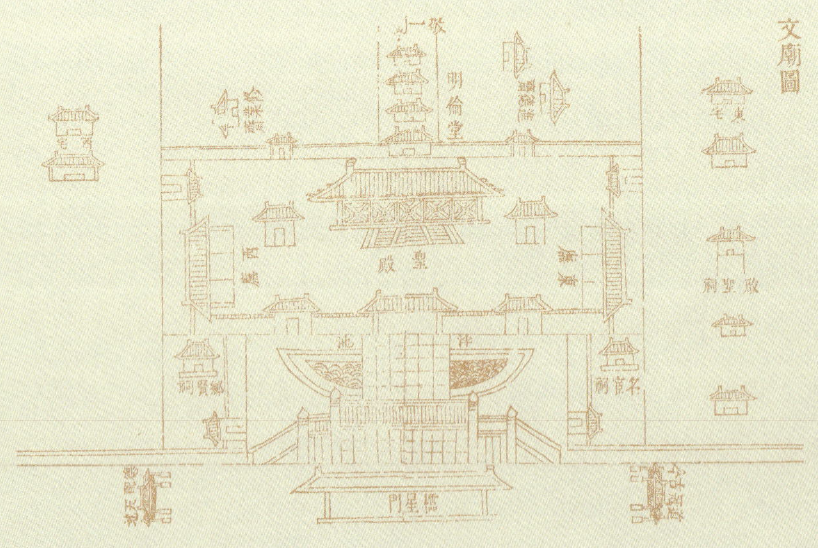

生命有期，时间久远，历史永远充满令人着迷的诱惑。人们总想知道，在那些我们无法到达的时代里，我们的先人们做过哪些壮举，留下了哪些痕迹，流传下哪些动人的故事。

阳春三月，漫步在雄安的巷陌，想在这个充满现代文明的城市里，找到一点儿历史久远的印记与感动。寻觅处，只见透过斑驳的古燕国城墙，阳光将古树的影子，斜洒在冀中平原的记忆里，犹如一道绝美的风景！

那些承载了岁月的遗址与古迹，千百年来，默默地守候着，仿佛在述说着那些遥远的故事，静待后人的探访与聆听。如果说那些地面上尚存的古建筑可以让我们一睹它的雄伟与壮观，那些几千年来一直沉默在地下的遗址，却更多地封锁了时光的音讯，成为历史的谜团，让我们苦苦守候、苦苦追寻，期待揭开她那神秘的面纱，聆听几千年前寥廓的天空下、莽莽原野上发生的那一段段生动的往事。

神秘的地下遗址

雄安遗址众多，著名的有白洋淀文化遗址、留村遗址、梁庄遗址、上坡遗址、晾马台遗址、南阳遗址等，数量之繁多、分布之广泛、历史跨度之久远，足见雄安之文明，源远流长。

白洋淀是雄安的精髓和灵气所在。

如果没有那片清澈的水域，或许雄安一如普通城市般平淡。而如果没有白洋淀古文化遗址的发现，白洋淀也只是一汪寻常的湖泊。

古白洋淀境域气候四季分明，雨水充沛，发源于西部太行山的河流和古黄河萦绕穿插，动植物资源丰富，种类繁多，是人类生息的理想场所。古黄河故道和大小湖泊的岸边是先民的居住点，它们多建在河流岸边的高地上，有利于发展农业和渔猎。

1986 年的一天，梁庄和留村的老百姓突然发现村子里来了许多考古学家，一番挖掘之后，陆续出土了一批新石器时期的器物和各种动物化石。这些在当时老百姓看来不起眼的坛坛罐罐，竟然是七千多年前的先人留下的。这一发现引起了考古界的轰动，证明白洋淀境域很早时期就已经有先民们在此生活和繁衍，已经出现了原始的农业和渔猎，并普遍饲养家畜，人们建起了村落，开始了定居生活。这些遗址多呈台型，地势较高，既可降潮除湿，又可抵御洪水泛滥的侵袭，适于居住，足见先人们的智慧。他们凭着勤劳的双手和简陋的工具，垦田渔猎，世代相继，为日后白洋淀的兴起和经济文化的发展奠定了基础。

梁庄遗址和留村遗址虽然同属新石器时代，但从出土的器物上，仍可以分辨出两者之间的不同。其中，梁庄遗址上文化层的土质为灰黄土，黏性较大，内含夹砂夹蚌褐陶、泥质纤陶、泥质灰陶陶片和红烧土块、兽骨等遗物。下文化层的土质为深灰黄土，含沙质，较松软，内含带乳钉

南阳遗址

南阳遗址方位图

纹的夹砂红陶片、夹蚌砂褐陶片和泥质红砂陶片等。根据出土的器物分析，梁庄遗址上层大致处于仰韶文化早期。

留村遗址地势略高于四周，这处被当地群众称为“疙瘩顶”的地方，地表曾经散存着较多的陶片及石器、鹿角、兽骨、蚌壳等。挖掘开来，从文化层堆积和出土的文化遗物来看，第一层为上文化层，出土了大量陶片，器物有折沿罐、敛口罐、红顶碗、壶、盘、钵、陶匕、陶支脚及鼎足等；第二层为下文化层，出土陶片数量少于上层，主要器物与上层基本相同，包括陶罐、盆、釜、石磨盘、石磨棒、支架等。从发掘资料分析，留村遗址为一处仰韶文化晚期遗址，并含有龙山文化的成分。

两处遗址的发现，为雄安新区新石器时代考古学年代序列的确立，为进一步探讨中原和北方地区远古时期文化的交流，提供了有价值的实物资料。同时，对研究白洋淀的古环境、古地理及历史变迁具有重要的学术意义。

1977 年，在容城县城东约十七公里处一个叫晾马台的村子，考古学家们再次有了惊人的发现，原来在这片土地下，也有着一处封存于地下的记忆——晾马台遗址。而究其历史，竟然可以追溯到商周时代，其历史跨度之久远，足以让每一个容城后人兴奋不已。遗址没有进行深入的发掘，但仅从已经出土的文物看，粗绳纹三足红陶鬲及陶豆等灰陶器十分精美，鹿角、蚌刀、陶罐和用鹿角磨制的鱼梭镖等文化遗物相当丰富。经专家考证，粗绳纹三足红陶鬲、鹿角制鱼梭镖和双孔蚌刀等属于商代文化遗物，筒状陶鬲、球形盖豆等属于周代文化遗物，虽然缺少文字记载，但考古发现就是最好的证明。至少从商代起，这片沃土就有了先人生生不息的劳作。

晾马台遗址，一下子为容城平添了四千年的历史沧桑。

然而，晾马台遗址并不寂寞，这个相传曾为尧舜祭天、名为工谢台的地方，在唐朝时被一代女皇武则天相中，她不仅命人在此修建了一座佛寺，亲自题名“明月禅寺”，还把据说是释迦牟尼生前所用之物红檀香木请奉于明月禅寺之中，可见她对此寺的重视。

其实，唐朝时佛教在中国备受推崇，一部中国古典神话小说《西游记》，描写的便是大唐盛世唐太宗李世民令唐僧玄奘西去取经的故事。寺院建成之后，僧侣们植下了棵棵柏树。自此，寺内香火不断，祈福着这片土地，也见证了晾马台的渊源。

晾马台遗址

明月禅寺

明月禅寺大门

明月禅寺重建碑碣

在其后的历史中，不断的朝代更迭，明月禅寺也目睹了历史的兴衰。

明朝成化年间，宪宗朱见深为超度他的父母升入西方极乐世界，在全国遴选讲经人。当时，明月禅寺已败落到只有一个僧人净普，他奉旨进京讲经。为此而留下的明成化三年（1467 年）

明月禅寺古柏

的一通碑碣，也算是为明月禅寺增添了一份历史的荣光。

20 世纪 90 年代，明月禅寺进行了一次重建，时任中国佛教协会会长的赵朴初先生为重建后的寺院题写了寺名。如今，古寺巍峨壮阔，寺院内千年古柏遮天蔽日，香客如云，远超大唐盛世之景。

崇尚义学的人文关怀

中国作为文化礼义之邦，自古便崇尚文化的教育传播。

作为一代儒学大师，孔子曾经有过三千学生。学而优则仕，自开科考以来，对贫家子弟来说，十年寒窗苦读，一朝金榜题名，也许是博得出人头地机会的唯一途径。

除了为数众多的私塾，中国历史上还有过很多著名的书院，为学子们提供了求学的机会。其中江西白鹿洞书院、湖南岳麓书院、河南嵩阳书院、河南应天书院，被称为中国古代四大书院。

翻开安新的历史，我们惊喜地发现，白洋淀这片鱼水之乡，却因了“渥城书院”的存在而散发出浓浓的文化气息。

渥城书院位于渥城（今安新县）东大街，因城郭外有渥水（白洋淀大清河）环绕而闻名。据《新安县志》记载，书院始建于清朝康熙五年(1666 年)，初名“渥城义学”，为时任刑部尚书的留村人高景所建。后来，康熙十年生员杨尔嘉、康熙十八年知县杨树相继捐款捐俸加以修葺。嘉庆十二年（1807 年），时任知县侯宗秩重修书院房舍，并题写匾名“渥城书院”。自此，“渥城书院”与建于安州的“正学书院”“葛乡别墅”以及三台的“静修书院”齐名，并称白洋淀上四书院。

关于渥城书院，史载：渥城书院分前后两院。前院东西各一排教室，东面有侧院一个，后院除东、西两排教室外，北面还有一排教室。前后院之间有一过厅，厅内设教员休息室。书院建成之初，前院授课，后院为塾生休息处。一进校门，有松木制作的影壁一座，上书“渥城书院”。影壁后为院落。在前院东西教室间有一古槐，筑有鸟巢若干，鸦雀常聚，此停彼鸣。每逢夏日，深荫遮盖半个院落。树下有一口深井，井深莫测。井上有三角木架，用粗绳缠挂着辘轳，用以摇动提水。当地人称井有两怪：一怪为井在古槐旁，却无一根细小根须伸入井壁。二怪为井水冬暖夏凉，冬日饮用，从口腔暖入胃内；夏日饮用，爽口清心。

由此看来，历史上的渥城书院环境优美、布局合理，的确是个教书育人的好地方，足以反映时任官员志存高远，重视教育。

渥城书院前院与东边跨院内有石碑数通，其中既有记述渥城书院建造始末的，也有为记录几次修葺而撰写的碑文。碑文中有这样的记载：“为学莫严于义利，学而言义，去其自私自利之见也。”这句话讲出了渥城书院建造之初衷——以“义学”为重，与初建时题写的匾名“渥城义学”相吻合。

据史载，渥城书院历经坎坷兴衰。先是安新

撤县迁到安州，书院与城内的文庙同时荒芜；后又经安州知州章钧采纳乡学廪生管倬意见，请示时任直隶总督的李鸿章后，重新修葺。继任知州更是多次捐书给书院，因而书院存书几千册。后经八国联军战乱，书院被德、法军队占用为军需处，致使书籍散失殆尽。

渥城书院虽然只是一处教学之所，也想担负起培育人才、富国强兵的梦想，然而在晚清积贫积弱的国力之下，还是深深地品尝到了民族的屈辱。那些古书典籍虽不一定价值连城，但是它们的散失也是中华文化的一大损失。

作为历史的见证，渥城书院是雄安新区不可多得的一处历史人文景观。

科教兴国，人才强国，国强则外敌不敢入侵。渥城书院反映了雄安历史上对教育的重视，这为雄安未来教育事业的发展提供了有益的借鉴。

亘古千年的记忆

雄安，纵穿千古，人杰地灵。

踏淀而行，美景如云，古迹众多。

那些散布在白洋淀旁的每一处古迹，恍若夜空中璀璨的星辰，虽不夺目，却熠熠生辉。

古迹无声，仿佛时光的留影，记录了一段段不朽的智慧传奇。

每一处古迹，都是一份亘古千年的记忆。

厚重磅礴的人文底蕴，为雄安平添了无限历史风韵。

漫步于雄安这片土地，那些历史的人文景观总在人们不经意的驻足间，邂逅于一声迟到的问候。

雄县古城墙、忠义冢、西槐清真寺、南界碑、隆兴寺碑，容城明月禅寺、千年古柏与万年石、古八景……都是历史文化与景物的完美结合。

历史赋予了景观以人文的价值，景观让历史保留下了记忆。

悠久的容城，不仅名人辈出，其“容城古八景”更是久负盛名。

《容城县志》记载，容城古八景为“古城春意”“易水秋声”“玉井甘泉”“白沟晓渡”“贤冢洄澜”“忠祠松雪”“古篆摇风”“白塔鸦鸣”。

容城古八景之首便是“古城春意”。这是一处自然景观，城北春信早。《容城县志》记载：“在城北十五里。土壤肥饶，草木畅茂，每春早发，比他地异。”

“玉井甘泉”景观，一传为唐高宗赐额。唐高宗永徽三年（652 年），唐高宗李治东巡，来到容城，在城南午方村的午方寺小憩，感到口渴难耐，太监从寺外的井中取了水，拿给李治。李治品咂之后，一饮而尽，连说井水清甜甘洌。于是，赐额“玉井甘泉”。按《容城县志》记载，或与金章宗有涉：“玉井甘泉，在城南午方村。泉清水甘，迥异他所，金宗驻跸，名曰甘泉。”

“贤冢洄澜”景观说的是“容城三贤”之一、元初著名学者刘因之墓。相传，元世祖至元三十年（1293 年），刘因去世后葬于此地。有一年，容城洪水暴发，四处泛滥，周边田地、村庄都被淹没，大片屋舍垮塌，唯独一代鸿儒刘因的墓没有被冲毁。当地人感到很惊奇，认为是上苍庇佑，并传为佳话。《容城县志》是这样记载的：“刘静修先生墓，在拒马河南岸。河水冲决，地多圮坏，独此三面，萦洄无虞。”

“白塔鸦鸣”成为一景则缘于一个传说。据传，该塔“在城东白塔村。伫立塔下，拍手相击，鸦声即应，神秘莫测”。该塔现已被毁，成了容城永远的遗憾。

此外，易水秋声“树本荫翠，禾稼繁盛，暑退风清，水声嘹亮”；白沟晓渡“地当孔道，烟树苍茫，朝露未晞，竞渡秀错”；忠祠松雪“在学宫东。堂庑严整，柏桧森然，每当风雪，清翠亭秀”；古篆摇风“在明伦堂前。每遇微风，碑座摇动，尘埃徐出，见者惊异”。

容城古八景能够青史留名，主要不是因了自然环境的绝美，而是一种文化与精神的结合，即具有人文内涵、道义精神的城市印象。

再美的景观，都已经是过去式。

如今随着雄安新区的崛起，无论是城市建设，还是人文景观，必将会发生天翻地覆的变化。作为一个有着丰厚文化底蕴的城市，未来的雄安必将会有更多的“新八景”呈现在世人的面前。

新的时代传奇，留给后人续写。

新的家国情怀，将在雄安新区涌现……

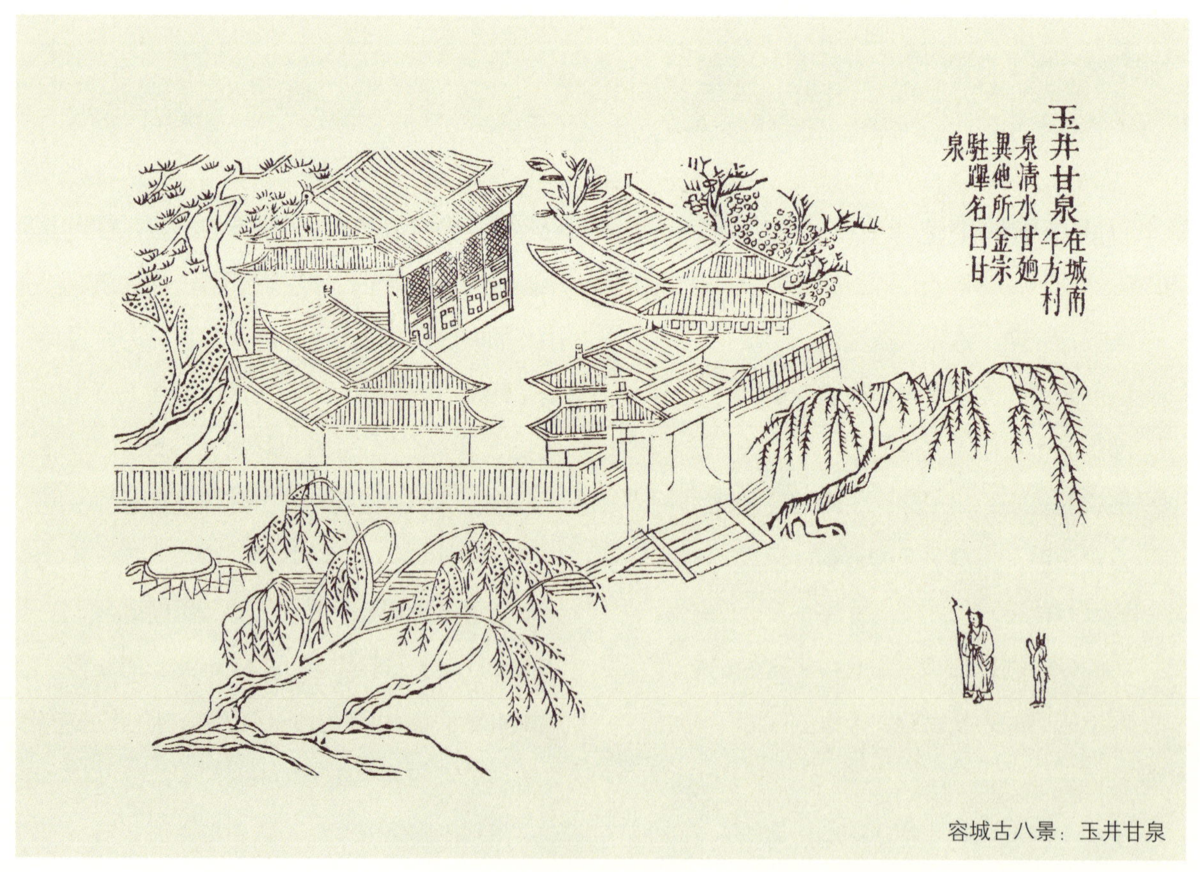

容城古八景：玉井甘泉

古城春意
在城北十五里
土壤肥饒草
木暢茂春
早得比他地
異
賢冢祠
劉靜修先生墓
在拒馬河
南岸
河水沖決
地多圮壞
獨此三面
縈洄無虞
易水秋聲
忠祠松雪
在學宮東
玉井甘泉
在城南午方村
古冢搖風
白溝曉渡
地當孔道
烟樹蒼茫
朝露未晞
鼓波織錯
白塔鴉鳴
在城
東白
塔村
竚立塔下
拍手相擊
鴉聲即應
神異莫測

容城古八景

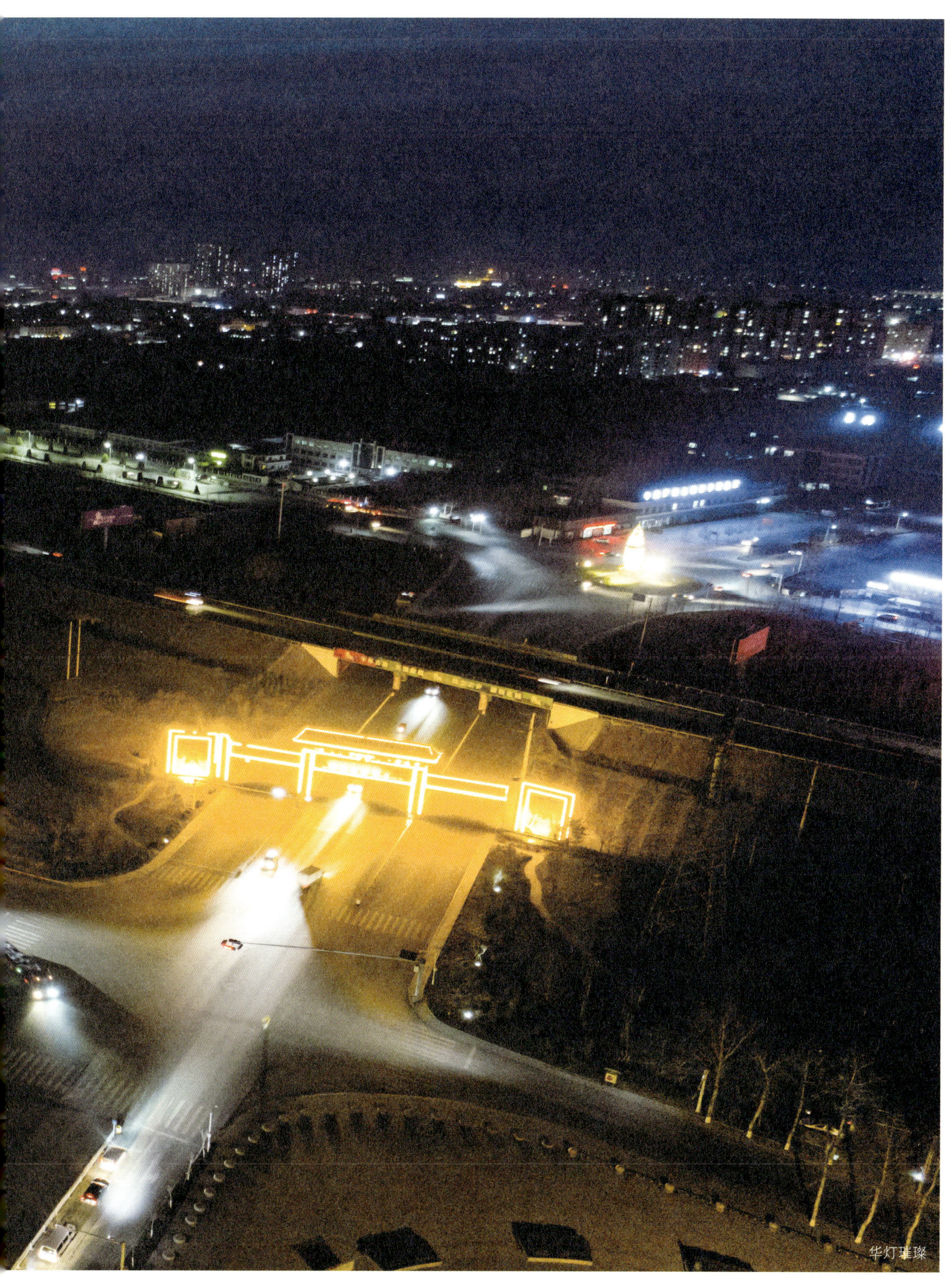

华灯璀璨

美之慧：灵水滋养的艺术

雄安之美，美在文化之慧心。

文化，决定了一个民族的地位，也是一个民族存在的根本。

历史学家丹尼哈尔·莫伊尼汉说过一句经典的话：“保守地说，真理的中心在于，对一个社会的成功起决定作用的，是文化，而不是政治。开明地说，真理的中心在于，政治可以改变文化，使文化免于沉沦。”文化，在一个社会发展中的作用，至关重要。

作为有着五千年文明历史的古国，中国的传统文化是我们每一个人引以为豪的共同精神资产。

文化与艺术总是息息相通，在文化的发展演化过程中，古圣先贤用他们的智慧创造出了大量的精美绝伦的艺术品，使之成为中华民族的宝贵财富。然而，中国幅员辽阔，不同地域，文化艺术风格也各不相同。

在冀中平原这片古老的土地上，有了白洋淀的滋润，其底蕴丰厚的文化艺术，也变得生机勃勃，向世人展示了一个多姿多彩的美妙雄安。

美国文化哲学家怀特说过，文化是一个连续的统一体，文化发展的每个阶段都产生于更早的文化环境；现在的文化决定于过去的文化，而未来的文化仅仅是现在文化的潮流。

可以说，任何一个国家或民族的发展史，都是发展和丰富其传统的历史。同样，作为凝聚和激励人民重要力量的民族精神也是传统文化长期熏陶与培育的结果，是传统文化的结晶。一个民族陷入任何困境都不可怕，可怕的是失去民族精神支柱，精神上无所依托。所以，如何对待传统文化，绝不单纯是个文化问题，而是一个关乎民族发展与命运的问题。

书法与绘画是中国传统文化艺术的两大精髓。

与传统的书画相比，民间美术则是组成各民族美术传统的重要因素，为一切美术形式的源泉。新石器时代的彩陶艺术，战国秦汉的石雕、陶俑、画像砖石，其造型、风格均具鲜明的民间艺术特色。魏晋后，流行于普通人民之中的剪纸、农民画、刺绣、印染、服装缝制、风筝等，更是体现了人民群众的艺术想象力与文艺气息，表达了人民群众的心理、愿望、信仰和道德观念，世代相沿且又不断创新、发展，成为富于民族乡土特色的优美艺术形式。

民间艺术伴随着人们的生活已经走过了几千年的历史，是中国传统文化中最基本、最朴素的文化因子和生生不息的生命血脉，早已随着中华民族的生活方式和思维方式，融汇进了我们的血脉与灵魂之中，它是中华民族固有的、与生俱来的文化基因。

民间艺术，已经成为一种文化符号和标志，联结着每一个中国人的乡愁。

神奇的苇编技艺

依水而居的白洋淀人耕地很少，出门就是水淀、芦苇荡和荷花池。

他们每天睁开眼就是织席和治鱼。靠山吃山，靠水吃水。面对淀中一望无际的芦苇，聪明勤劳的白洋淀人利用这天然的材料，编织出了美好生活。

白洋淀的芦苇秀美。芦花漫天，芦苇满淀，堪称白洋淀一大美景，成片的芦苇间，布满了一条条宽约四五米的水道，每条水道都与大小不一的水淀相贯通。两三人高的茂密芦苇有着很好的隔音效果，人们置身水道之中，除偶有水鸟鸣叫声传来外，四周一片沉寂，恍若与世隔绝。而当渔舟划出水道、驶入水淀时，仅被惊起的各种野生水鸟在淀面上所留下的一溜溜水纹、一片片涟漪，就足以令人震撼，陶醉，赞美。

关于白洋淀芦苇，北宋《太平寰宇记》中记载:淀中有蒲柳多葭苇。芦苇也称“芦”或“苇”，淀中人俗称苇子。芦苇有许多品种，如白皮苇、大头苇、黄苇、青苇等，其中以白皮苇质量最好，是编席子的上等原料。古有“铁杆庄稼，寸苇寸金”之说，这也从侧面反映出芦苇有着较高的经济价值。苇子可造纸、织席、打箔、编篓、打帘和制作苇制工艺品。孙犁的小说《荷花淀》就详细地描述了当地妇女们编织苇席的过程。

今天，我们一般都睡床，但几十年以前，北

去苇皮

白洋淀编织品：苇簸箕、花边小篓、小憋篓、回纹席、小吊篮

方人睡的多为土坯垒成的火炕，白洋淀周边也不例外。而炕上不可或缺的就是苇席，当地也叫炕席。苇席的精美程度，体现了席匠人的手艺，也是苇席的重要卖点。苇席除了当作铺炕用的炕席，还可用来晒粮食、晒枣、盖垛遮雨，麦收时节还用苇席作粮囤，储存粮食；在国外，苇席还可以当天花板、墙板、墙纸。

白洋淀苇席作为一项传统手工艺品，历史久远。1981 年在白洋淀附近发掘的容城上坡遗址（距白洋淀约十五公里）就发现有苇席痕迹，说明远在三千多年前这里就已经能编织苇席了。

东汉末年，涿郡刘备曾以“贩履织席为业”；唐、宋时期，白洋淀苇席还曾被皇家选定为贡品，据《保定郡志·食货志》记载：唐朝时贡“席三千领”，宋朝时贡“席二千领”；明、清时代，编席业在白洋淀已有相当规模。

苇席之所以能够流传千百年，构筑成白洋淀百姓的日常生活，主要还是历史上白洋淀低洼易涝，“除织席一条生路，别无活计”。因此，妇女们常年以编席织篓为主，织好后男人们便拿到集市上去卖，生意好的时候，织席交易可“遍满直隶及关东口北”。

民国时期，苇席的种类、规格、式样都有了

白洋淀苇编代表性传承人张小贺

进一步发展，有平纹、彩纹、回纹、桌面纹、人字纹和大花席等。当时安州的“州席”、关城的“大花席”和边（村）垒（头）的“小边席”已闻名遐迩，畅销全国各地。

白洋淀苇编织品具有浓厚乡土特色。有遮阴用的窗帘和居室的门帘，既是实用品，又是装饰品；篱笆帘主要用于海滩洗澡围圈换衣服和花圃挡风；苇天花板用作房间的墙壁板、屋顶的天花板。用苇天花板装饰的居室古雅素静，使人有亲近自然之感。除此之外，还有捕鱼用的篮子、小吊篮、螃蟹篮，捕虾用的大高篓、小背篓等，既是白洋淀人民的生产工具，也是他们的主要生活来源。

2009年6月，白洋淀苇编织品入选第三批河北省省级非物质文化遗产项目名录。

如今，白洋淀苇编织品因其做工精细，样式美观，色调柔和，在日本、法国、美国、意大利等国家深受欢迎。

其实，在苇编的家族系列里，还有一个特别高大上的成员，名字叫作“安新芦苇画”，是一个极富特色的乡土美术作品。

据史料记载，安新芦苇画由唐宋时期白洋淀苇编之一“苇席”衍生而来。明代取名“苇编画”，是将芦苇剖开碾轧成条后将其编织成各种图案，

華北明珠白洋淀

古蓮花池
白洋淀芦苇画

白洋淀芦苇画代表性传承人杨丙军（左）

第二届全国非物质文化遗产博览会期间
中央电视台采访杨丙军

苇编工艺

整体为单色。清朝苇编画受瓷器和西洋文化的影响，开始了大胆的创新。从色彩和立体效果上进行了改进，从而更名为苇编工艺画。其代表人物为李省山。

安新芦苇画是白洋淀地区典型的传统手工技艺，素有“一淀水，一淀银，一寸芦苇一寸金”之美誉。

它由民间艺人用剪子、刀子、镊子、烙铁、尺子和刮板等为工具，经过选料、切割、压平、烙烫、编织、雕刻等多种工序制作而成。题材包括传统的吉祥图案、人物故事、宗教符号等，属于典型的传统手工技艺。它以芦苇特有的颜色、光泽、纹理来表现诸如张网捕鱼、驱舟放鸭等水乡风情，具有天然的材质美。

安新芦苇画带有装饰意味，具有浮雕性质，又有其自然天成的美感，将自身特点与中国书画艺术巧妙地有机结合，蕴含着丰富的精神内涵和时代特点，对弘扬、丰富和完善中国传统手工技艺产生一定推动促进作用。

近年来，安新县依托丰富的芦苇资源，逐渐形成了以苇编工艺画为代表的工艺美术产业。开发出了七八十种芦苇画。这些画形态各异、规格不一，有的气势磅礴，有的小巧玲珑，被誉为中国民间艺术中的一朵奇葩，堪称华夏一绝。产品远销加拿大、澳大利亚、韩国、日本等多个国家，还曾获得第七届中国国际旅游产品博览会特色旅游商品金奖等。

华夏艺术文明，历史悠久，灿烂辉煌。人们有理由相信，随着雄安新区的建设，安新芦苇画必将以其独特的艺术表现形式，创造出更多的艺术价值。

律动的民族文化音符

音乐是人类不能缺少的语言，也是人类灵魂的升华。

作为世界上最早的文明古国之一，中国的古典民族音乐也同样源远流长。在数千年漫长的历史进程中，展现了其辉煌灿烂的一页。

亚古城村音乐会在河北省非物质文化遗产保护中心录制曲目《孔子叹颜回》

史料记载：周朝便设立了由“大司乐”总管的音乐机构。教学的课程主要有乐德、乐语、乐舞。所谓的乐德，就是“中和、祇庸、孝友”等伦理道德观念；乐语就是“兴道、讽诵、言语”等礼教行为规范；乐舞则包括大舞、小舞等音乐理论、音乐诗篇的唱诵、舞蹈以及六代乐舞的表演。六代乐舞据传是历代留传下来的六部史诗性乐舞，包括黄帝时的《云门大卷》、尧时的《咸池》、舜时的《大韶》、禹时的《大夏》、商汤时的《大濩》，以及演述周武王伐纣战争活动全过程的《大武》。因此，周秦音乐文化是中国音乐高度发展的重要坐标。

作为中国民族音乐，能够较为完整地保留曲目及乐器，并能懂得操作演奏的，除了中央专业性民族乐团，民间基本上难觅踪迹。然而，在雄县雄州镇有一个叫亚古城的古老村庄，却有一场延续了千年的历史音乐圣会——亚古城村音乐会。

《孔子叹颜回》《三行礼》等多个曲目是古乐

亚古城村音乐会乐器：鼓、镲

亚古城村音乐会乐器：云锣

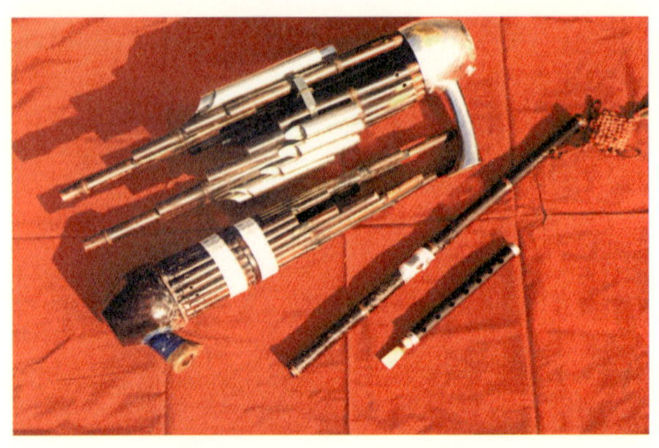

雄县古乐乐器：笙、笛子、管子

定期进行排练的古乐会

雄县赵岗音乐会参加全国民间乐种展演并获奖

亚古城村音乐会在成都展演

的代表，至今在亚古城村村民中都有着不一般的地位。全村六百余口人中，三分之一的人都能演奏亚古城古音乐。

亚古城村音乐会的演奏分为坐蓬、走街两种形式，一般都是文场在前、武场在后。打击乐尤具特色，一曲九节，反转轮回，三盘九转，别具一格。

与当代的音乐相比，古乐更为独特。有些乐器更是本地所独有的古乐器。乐队组成有小管、云锣、笙、笛等，打击乐有大鼓、镲、钹、铛子等。亚古城村音乐会保留下来的一些古乐器至今还能演奏。

相传，亚古城村音乐会是为纪念药王孙思邈所创。该会在清代时，还曾受到乾隆皇帝的御封。虽然随着时代的发展，亚古城村音乐会承载的对于一代药王孙思邈的民间信仰在逐渐淡化，但其在乡民心中的位置，很难完全被涤荡。

2006 年，亚古城村音乐会被列入了首批河北省非物质文化遗产名录。作为民间音乐的瑰宝，亚古城村音乐会能够代代相传，完整保留下来，实则是雄安之幸，民族之幸！

与亚古城同样有着悠久历史的，还有一处堪称中国传统音乐文化活标本的安新圈头村民俗音乐会。

关于圈头村音乐会的文字记载，可上溯至清代乾隆年间。

据《新安县志》记载：乾隆十三年（1748 年），乾隆陪皇太后前往曲阜祭孔，途经赵北口住一日，乾隆首次在白洋淀行水围，建圈头行宫。五

圈头村音乐会乐器：堂鼓、管子、云锣、笙、大铙、大镲

中央电视台《走遍中国》栏目组录制圈头村音乐会表演

年后，乾隆去易县西陵扫墓之后，再次陪同皇太后来白洋淀阅视水围，先后在郭里口、端村、赵北口、圈头四处驻跸，聆听了圈头村音乐会演奏的乐曲后，颇为赞赏，御赐飞龙旗、飞虎旗各一面并雕龙红蜡。现在，这里仍保存着御赐的飞虎旗和雕龙红蜡。

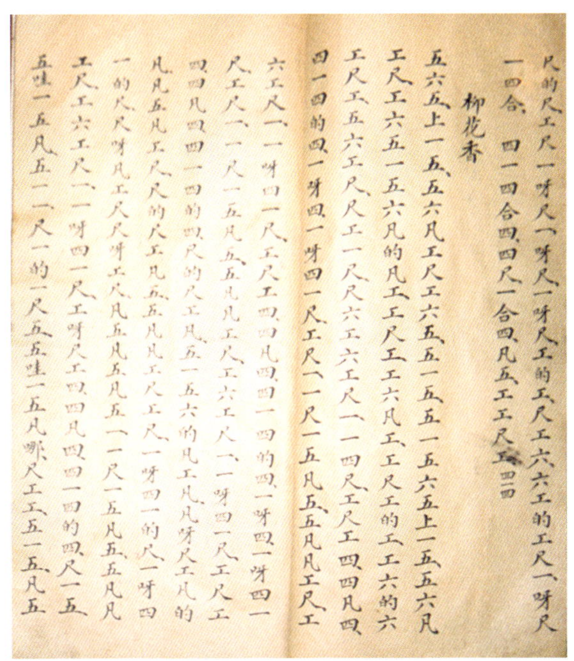

圈头村音乐会古乐谱：工尺谱

高腔戏

圈头村音乐会至今保存着古老的乐谱——工尺谱，在所有五十五首曲目中，还能完整演奏其中四十首和一首名为《坐禅谭》的打击乐。这些曲子按照音调高低和篇幅长短可划分为小場曲、小尖曲、小大曲和大曲；按照内容和用途可划分为宫廷音乐、历史故事音乐和祭祀音乐等。曲调的完整性、功能的健全性使得圈头村音乐会成为中国传统音乐文化的活标本。

圈头村音乐会属于冀中笙管乐南北乐会中的北乐会。南乐会以唢呐为主，常用于婚礼等场合，而北乐会以笙管为主，主要在祭祀和葬礼上演奏，因为当地人来说，圈头村音乐会是与民间信仰牢牢结合在一起的，他们用音乐来祭祀祖先和神灵，也用音乐来为自己故去的亲人超度。

中国古典戏曲，也是民族文化的一个重要组成部分，堪称国粹，其以富于艺术魅力的表演形式，为历代人民群众所喜闻乐见。在世界剧坛上，中国古典戏曲也占有独特的位置，与古希腊悲喜剧、印度梵剧并称为世界三大古剧。

中国戏曲经过长期的发展演变，逐步形成了以京剧、豫剧、越剧、评剧、黄梅戏五大戏曲剧种为核心的中华戏曲百花苑。除此之外，在不同的地方，也有着形式多样的地方戏。

当代著名剧作家、中国戏剧家协会副主席罗怀臻说：地方戏是文化传统、族群记忆的最好保存载体。一种方言传递一种神韵，很多时候，我们把地方戏看作是一种娱乐，但其实是我们的文化基因。华夏民族有那么多族群，靠什么记录它们的文化？往往靠生活习惯、靠方言，以及由方言延伸出来的声腔。

高腔戏便是流传于容城民间的传统剧种，其产生在清代乾隆年间，早于现存的很多剧种。

高腔戏将演唱、服饰、化妆、武打融为一体，内容深入浅出，唱腔朴实无华，武打变幻丰富，具有很强的观赏性。内容深入浅出，寓教于乐，其代表剧目有《五鬼拿刘氏》等。2007 年 11 月，高腔戏被列入保定市第一批非物质文化遗产保护项目名录。

除了音乐、戏曲，雄安民间还有着种类繁多的地方传统文化艺术，其民间花会就有狮子会、吵子会、太平花车、民间曲艺等三十多种，有着广泛的群众基础，至今仍是广大人民群众喜闻乐见的艺术表现形式。其中狮子会主要集中在师庄和贾光村，至今已经百余年历史。

安新县圈头村狮子会会旗

舞狮

吵子会主要在谷庄，成会于清代乾隆年间。主要乐器有大鼓、大锣、皮鼓、板、镲、钹、云锣、旋子、海笛、管子等。吵子会对演奏技巧有着很高的要求，打镲时，有围着脖子打、前后翻滚打、跟头打、滚地打等多种形式，所以又称为武乐会。流传下来的曲牌有《争春》《五雷阵》《赶子》《万仙灯》等二十多首；而太平花车起源于明末清初，集中在西牛和贾光等村传唱。说的是周景王时，正宫娘娘遭迫害，土公土母救出娘娘，坐上太平花车逃难的故事。太平花车曲调婉转高亢，故事生动感人，富有神话色彩。

经过不断的融合变迁，雄安的民间艺术已具有了独特的地域特色。

安新圈头村狮子会，便是一种始于清朝嘉庆年间，延续至今的独具特色的民间艺术。

狮子会由狮子、马童及大鼓、大镲、大铙、小镲、铛子等组成，自形成以来一直在本村代代相传，主要为庆典、民间祭祀活动提供无偿服务，在民俗活动中占有重要地位。圈头舞狮每年有三次固定的演出：一是农历腊月三十日和全村各花会一起在主要街巷演出，是领头会；二是正月十四日、十五日、十六日为灯节演出；三是四月十九日、二十日、二十一日在祭奠药王的庙会上演出。

圈头舞狮只为葬礼演出，几百年来一直保持着这一会规。

狮子会信奉的先人是药王及中国历代十大

庙会上表演

名医如华佗、雷太乙、张仲景、刘守真等。当地的人们用不同形式的演出，表达了对先人的朴素情感。

地方戏与民间乐，无形中延续着一个地域的文脉。

民族魂魄化火凤

《诗经·卫风·淇奥》曰，“有匪君子，如切如磋，如琢如磨”，表达了一种对工匠精神的赞美。

对于雄安来说，其悠久的人文历史不仅滋养了无数优秀的传统表演艺术，同样也哺育了形态各异、技术高超的传统工匠技艺。其中，最著名的有安新马家寨造船绝技、雄县仿古石雕、雄县纸花、雄县双堂焰火会等，展现出了雄安别具特色的民间工艺风采。

安新县有这样一个村庄：靠水不治鱼，造船不驶船。这就是造船之乡——马家寨。

在这个小村里，上至七八十岁的老人，下到十来岁的孩童，在造船上人人都有一手，无论锛凿斧锯，还是搭线放木，都身怀绝技。

马家寨原名马村寨。据传原为马氏建村，起名马村。宋代曾有驻军在这一带驻守并形成寨垒，故名马村寨。宋朝御辽名将杨延昭曾在这里操练水军，以船作战。当时，马村寨修了四个寨门，所以又称四门寨。明朝永乐年间因有古北口外人迁至，改名为马家寨。

马家寨造船业兴于何时，无从查考。

马家寨造船技艺代表性传承人姜琳祥

据传说很早以前，安新县城南关有个魁星阁，魁星是传说中专门点状元的一位神仙。他看中了马家寨这个地方，便把笔尖对准马家寨，正要下笔的时候，却被一位莽撞的过路神仙一脚踩扁了笔尖，成了造船用的凿子。于是，马家寨没有出钦点的状元，却出了许多造船的“木匠状元”。史料记载，马家寨从宋代就与造船业结下了不解之缘，清朝乾隆游颐和园所乘坐的龙舟便是马家寨工匠所造。新中国成立后，仿乾隆所乘龙舟、为颐和园昆明湖所造的画舫，也是马家寨匠人的杰作。

马家寨所造的船样式多、质量好，大到出海捕鱼的渔船，旅游用的大型画舫，大清河上的对槽、艘子，中到劳动生活和兼作水乡人家运输用的四舱、五舱、六舱，小到鹰排子、鸭排子、枪排子，都能够根据造型和用途设计完成。

马家寨人造船有三个绝活，是外人所不及的：一绝是“量材使用”。人们在买树时一眼就可看出树的好坏，据说是看树叶有无“焦梢”，

1

1 枪排船
2 三舱船
3 鸭排子
4 画舫船
5 大舱船

2

3

4

5

白洋淀渔船

如有“焦梢”，树的根部可能腐空；看“树疤”是干疤还是水疤，干疤无碍，如是水疤则树质有毛病；看树皮，光润美观，树质就好，如有树龙（即顺树身凸起的条痕）则有裂缝，不可用。二绝是“甩线一手准”。一般木匠只能放直线，他们根据船的部位用材却能放成曲线。伐树时随弯就弯取材，绝无浪费。三绝是“放印子”（即给船打补丁）。先将船体上损坏的部分用工具剔掉，洞孔自然呈不规则状态。然后，船工选一块合适木料，不量尺寸，单凭目测，用斧子一砍便成，一放准是严丝合缝。

民国年间马家寨村，有“东兴”“永顺”“两益公”等八大造船作坊，所造船只供不应求。抗日战争时期，他们还为抗日武装“三小队”和“雁翎队”造船，支援了当地的抗日斗争。造船业为马家寨培养了众多能工巧匠，解决了马家寨及渔民的生活问题；马家寨的能工巧匠又为白洋淀造船业增添了光彩。

如今，马家寨村的造船工人已经走出白洋淀为全国各地造船、修船，著名导演吴宇森拍摄的电影《赤壁》中的战船、龙船，皆出自这个村的能工巧匠之手。

马家寨村手工造船技艺，历史悠久，已被纳入河北省非物质文化遗产保护项目。

除了树木，雄安也与石结下了不解之缘。

雄县仿古石雕，是一种具有丰富内涵的传统文化产业，雄县也因此成为“中国仿古石雕文化之乡”。

雄县的仿古石雕源于宋辽边境贸易交易，在明代中期形成仿古产品市场，一直延续至今。经过当代几十年的恢复和发展，雄县已成为中国北方最大的仿古石雕产业基地，影碑（壁）、荷花缸、水兽、狮子、拴马柱、鱼缸……各类仿古石雕应有尽有。

仿古在一定程度上，也是在传承传统文化。

与此同时，在仿古的过程中，工匠们也在慢慢积累着自己的技艺，并根据时代要求进行着扬弃。

再创造与仿古是相辅相成的，文化继承在原有的基础上不断进行着创新。

四百多年前的明末清初，纸花生产开始在雄县米家务乡生根落地，这一开始便绵延了几百年，历经沧桑，不仅没有被滚滚历史的浪潮湮没，反而随着时代的更迭发扬光大，这让雄县米家务乡有了“中国纸花第一乡”的美誉。

米家务纸花种类繁多，有绢花、草花、金银花、麻绒花、拉翻花、蜡花和聚酯薄膜花等，形成了

纸花生产

雄县双堂村的盒子：外壳制作

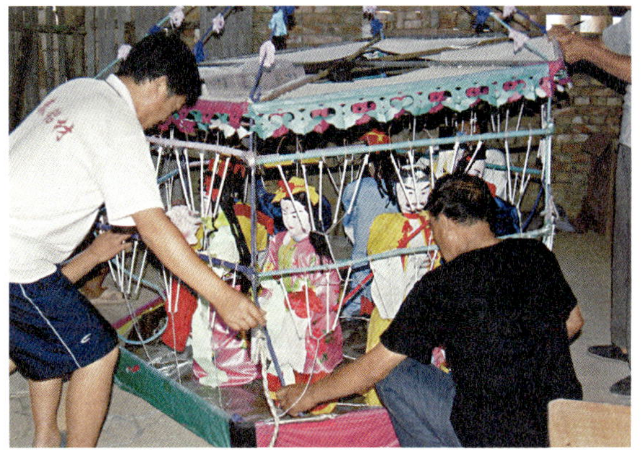

雄县双堂村的盒子：故事人物设计

雄县双堂村的盒子：引线捻制

雄县双堂村的盒子：故事人物安装

多姿多彩的纸花文化形态。

说起雄县风俗的代表，当地人一定会告诉你三个字：放盒子。这就是我们常说的放烟花，又叫双堂焰火会。它是一种集编扎、造型、彩绘、烟花制作于一体的民间技艺，初始于宋代，专为宫廷娱乐制作，至明代时达到了工艺顶峰，清代后，逐渐流传到民间。

早在明代，人们将药线、烟火编排好后放入盒子里，搭架悬盒，点燃后盒中药线逐层脱落燃烧，可幻演多层形象。明代刘侗、于奕正所撰《帝京景物略》对双堂盒子曾有过精彩描述：“烟火施放（烟火则以架以盒，架高且丈，盒层至五，其所藏械寿带葡萄架、珍珠帘、长明塔等）。于斯时也，丝竹肉声，不辨拍煞，光影五色，照人无妍媸，烟罥尘笼，月不得明，露不得下。”

到了清代，盒子不但在宫内燃放，在民间更是争奇斗艳、异彩纷呈。盒子一般为四层或五层，折叠后有一尺多高，展开后却可以达到二十多米。它以艺多、技绝以及魔术般的燃放表演，深为民众所喜爱。剪纸人物、风筝、四大名著的人物形象等都曾被置入盒内。

盒子燃放时，犹如欣赏一幕幕戏剧在空中上

雄县双堂村的盒子：燃放

雄县双堂村的盒子：燃放

白洋淀面塑作品

演，有静有动，有声有色，变幻莫测；观灯就如看连环画和魔术表演一样，令人叹为观止。

盒子从“盒子筒”编扎、“故事”选择、“药线”的捻制与布设、“故事”的安装与施放等，涉及了文学、工艺、民俗等多个领域，体现了中国古代匠人的创新精神、科学态度和聪明才智。

雄安三县地域相近、文化相通，都有着深厚的历史传承，千百年来的生生不息，构筑了雄安新区独特的历史文化与艺术传承。

在这片古老的土地上，武术、戏曲、杂技、面塑、剪纸、纺织等都有着鲜明的地方特色，反映了白洋淀区域丰富的人文精神与艺术创造力，其中很多都被列为了国家、河北省、保定市及县一级的非物质文化遗产。同口音乐会、圈头少林会、圈头八趟掩手、白洋淀苇编、马家寨造船手工技艺、白洋淀面塑、白洋淀丧葬习俗、安新剪纸、丁军六合长拳……这些非物质文化遗产，同样是雄安新区文化艺术中的精品。

相信随着雄安新区的建设发展，民间艺术作为表现民族身份的标识，有了全新的生活土壤和传承下去的薪火，这些灿若星辰的非物质文化遗产都将会受到更好的保护并不断发扬光大，成为中国古代文化艺术的佼佼者！

水乡

美之味：独一无二的美食

雄安之美，美在佳肴之独特、乡愁之浓郁。

民以食为天，在中国优良传统文化教育中的阴阳五行哲学思想、儒家伦理道德观念、中医营养摄生学说，以及文化艺术成就、饮食审美风尚、民族性格特征诸多因素的影响下，中国人创造出了彪炳史册的中国烹饪技艺，形成了博大精深的中国饮食文化。

随着人们物质文化生活水平的提高，饮食不再只是解决温饱问题，而更多地折射出生活艺术、人生境界与国泰民安的更高层次的生存状态与精神境界。

餐饮文化，丰富了人们的味蕾，让生活变得有滋有味。

世界上任何一个国家都有属于自己的饮食文明，它与其他文明和谐共处，砥砺前行，在历史隧道中轮回。

每个地区都有与众不同的饮食习惯和味觉倾向，人们将这些精妙的技艺发展成了一种习俗，服务于日常生活，渐渐演变为一种饮食文化。

中国饮食文化绵延几千年，五光十色的筵宴和流光溢彩的风味流派，使之无愧于“烹饪王国”的美誉。

中国人讲究吃。一日三餐不仅仅是解渴充饥，它往往蕴含着中国人认识事物、理解事物的哲理，这种“吃”，表面上看是一种生理满足，但实际上“醉翁之意不在酒”，借吃这种形式表达的是一种丰富的心理内涵。

吃，作为一种文化，已经超越了“吃”本身，获得了更为深刻的社会意义。

中华饮食文化根深蒂固，就其深层内涵来看，可以概括成“精、美、情、礼”四个字，体现了饮食活动过程中饮食品质、审美体验、情感活动、社会功能等所包含的独特文化意蕴，反映了饮食文化与中华优秀传统文化的密切联系。中华饮食之所以能够征服世界，重要原因之一，就在于饮食活动形式与内容的完美统一。美的色泽和味道，不仅可以饱腹，更给人带来审美愉悦和精神享受。

雄安新区所在的白洋淀，在悠久的历史发展过程中，出现了众多的美食，形成了不同的饮食流派。

冬子李在《白洋淀美食笔记》中就曾介绍道：白洋淀美食圈按地域可以分为三大流派，即以赵北口、圈头为代表的东部派，以端村、同口为代表的南部派，以安州、北何庄为代表的西部派。

“红桥长短接溪川，溪上人家不治田。半笠沧波三月雨，一堤杨柳两湖烟。擎将鹅鸭无官税，捕得鱼虾足酒钱。今日饱餐渔者乐，鸣榔春水绿浮船。”清朝乾隆皇帝一首《赵北口即景》，生动形象地描绘了白洋淀水乡风情、渔民生产、鱼虾换酒、渔者饱餐等情景，反映出在清代时期，白洋淀便有着独特的饮食文化。

白洋淀饮食文化，几多传奇，几多精彩……

鱼菜吃鱼不见鱼

追溯白洋淀饮食文化渊源，还得从明代说起。

那时，白洋淀由于水陆交通四通八达，商贾云集而吸引了不少各地名厨来这里开办餐饮行业，传播了许多烹饪绝技。

到明清之交，就有了“金苏桥，银胜芳，不如新安一后晌”的说法。安新位于白洋淀中心，是外地客商集聚地，在满足客商需求的过程中，白洋淀的饮食文化得到了发展。其中最富代表性的菜肴就是“白洋淀全鱼宴”。

“白洋淀全鱼宴”属于河北冀菜菜系。冀菜分为三大流派，即冀中南派、宫廷塞外派、京东沿海派。而冀中南派菜系又以保定为代表，它又分为山区禽类和水区鱼类，全鱼宴正是水区鱼类菜肴中的精品。白洋淀的“全鱼宴”有广义、狭义之分。广义上包括鱼、虾、蟹、鼋鱼之类水产品，而狭义上则只包括鱼类。

为适应不同层次顾客需要，白洋淀的“全鱼宴”又有不同规格。一般大众餐饮有四凉四热、八凉八热。凉菜包括凉拌鱼丝、芝麻鱼条、香辣鱼干、蛋皮鱼卷、烧拌鱼丝等。热菜则包括酥鱼片、炒鱼片、熘鱼片、清蒸甲鱼、爆炒鱼、清蒸鼋鱼、鲇鱼豆腐、金毛狮子鱼、红烧鱼段等，有时也根据顾客需求，兼做一些鱼类小菜。

至于高品位的全鱼宴，则不仅烹饪手段花样百出，而且每道菜都有一个极富文化品位的菜名，如鸳鸯鱼丝、凤尾鱼托、芙蓉鲫鱼、蟹粉鱼唇、小龙过江、三色鱼头汤等。

白洋淀全鱼宴极富地方特色：其一，部分鱼菜吃鱼不见鱼，如各种鱼片、鱼丝；其二，“鱼”尽其材，材尽其用。以炒鱼片为例，鱼背可做鱼片，鱼头则可做鱼汤，成为名副其实的一鱼两做；其三，用料精选，做工讲究。当地原料入馔，以烹制鲜活见长，原料丰富，刀工细腻，口味清淡，菜品配以精美的瓷器衬托，别具风格。

半碗鱼汤胜全席

清朝康、乾二帝多次到白洋淀进行水上围猎活动，遍尝水乡特产，并在这里留下不少饮食文化轶事，其中“赵北口鱼汤”和“半蒸半煮”尤富水乡特色，真可谓一道菜一个故事，一道菜一段历史。

据《白洋淀志》记载，乾隆帝来白洋淀水上围猎，其中有几次是取道鄚州，至赵北口弃舆登舟入淀。一次水围归来，天色已晚，乾隆耐不住饥肠辘辘，未等到达行宫，便走进一家饭店，请店家尽快安排一点儿吃的。店家一见皇上驾临，早已慌了神，但店里正准备打烊，没什么可做的，仅剩两尾鲜活鲫鱼，于是便一边蒸上米饭，一边做了半碗鱼汤，诚惶诚恐地送上。谁知乾隆吃后，感到鱼汤味道极佳，赞不绝口，乘兴题诗一首：“鱼汤米饭两相宜，鱼补身子米解饥。谁说渔家慢待客？半碗鱼汤胜全席。”

从此，赵北口鱼汤便只盛半小碗，也流传

赵北口鱼汤：鲫鱼汤

半蒸半煮：白洋淀炖杂鱼

乾隆像

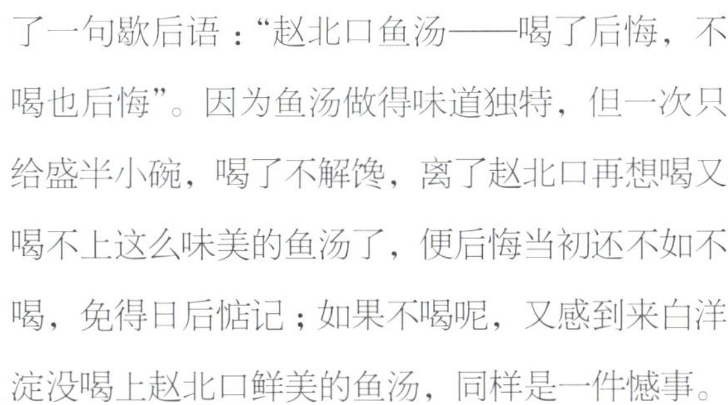

了一句歇后语："赵北口鱼汤——喝了后悔，不喝也后悔"。因为鱼汤做得味道独特，但一次只给盛半小碗，喝了不解馋，离了赵北口再想喝又喝不上这么味美的鱼汤了，便后悔当初还不如不喝，免得日后惦记；如果不喝呢，又感到来白洋淀没喝上赵北口鲜美的鱼汤，同样是一件憾事。

无论对何人，美食都是一种无法抵御的诱惑，皇帝也不例外。

据传，乾隆在白洋淀水围时，突遇大风，龙船翻沉，乾隆落水，被渔民李登龙所救。

上岸后，李家母子做了顿玉米面饼子熬小鱼。因为饼子贴到锅里，半截浸在汤中，半截露在上面。饼子上面是蒸的，下面是煮的，熟了以后，正面是嫩黄的，背面带嘎渣儿，嚼起来喷香喷香。

乾隆吃后，胃口大开，问左右："这叫什么饭菜？"一名近臣抢着答道："半蒸半煮。"

从此，这道水乡渔家饭菜便有了一个新的名字：半蒸半煮。

清史专家刘桂林先生在《乾隆与白洋淀》中

清人绘赵北口行宫

《南巡盛典》中的赵北口行宫

三色鱼丸

介绍，乾隆在白洋淀共进行过四次水上围猎活动，第一次水上围猎是在乾隆十三年（1748 年），奉陪皇太后去山东曲阜祭孔时，在安新赵北口停驻一天举行的。赵北口古代为燕国、赵国分界处，古有“燕南赵北”之说。

传说乾隆动身前一个月，刘墉与和珅奉命到沿途为祭孔与围猎作准备。他们从京城出发，在赵北口弃车登船。因旅途劳顿，人马困乏，便想在水乡寻找一家合适的饭店进餐。手下人看了几家都不中意，最后选中一家店面虽小却十分雅致的饭店。

落座之后，二人抬头看见厨房门上挂着一副木制楹联：“水淀无鱼此处有；京城乏味小店尝”，横批是“独一无二”。二人相视一笑：“好大的口气，今儿倒要看看厨师的本领。”于是，便叫来店主点了一道菜。刘墉说：“我要吃鱼不见鱼。”和珅说：“我要四色配料三种色，不吃鼋鱼却要圆。”二人说罢大笑，以为这下定可难住店家。

谁知仅两袋烟功夫，菜便端了上来，是红、绿、黄三种颜色的丸子。二人一品尝，味道鲜美，鱼香满口，润滑而不腻。刘墉与和珅不由拍手称赞：“天下名厨在白洋，鱼味丸子满口香。三种颜色都齐备，胜过皇宫御膳房。”

待把厨师叫来一问，方才知道此菜主料为白色鱼片，辅料有红色的胡萝卜、绿色的榨菜、黄色的金黄瓜泥。剁碎搅拌，加团粉鸡蛋清，丸状过油，再烹制而成。从此，三色鱼丸就成了白洋淀著名的鱼类菜肴，不同的是，后来人们把其中的榨菜改为了菠菜。

捕鱼夕阳里

天下美味在白洋

一方水土养一方人，不同地域的人们有着不同的品味，也构成了各自的饮食特色。

在雄安，一道渔娘菜因“渔娘色美厨艺强”的诗句，使人们浮想联翩。

白洋淀作为水乡，其水乡姑娘、媳妇除了织席外，还要下淀捕鱼。白洋淀水滋润着水乡女子的肌肤，所以她们一个个生得俏生生、水灵灵的。

白洋淀的渔民整日在船上劳作，很少上岸。一些渔家姑娘和媳妇因此也常年生活在船上，就连做饭也是在船后梢（船尾处）。一般多是用旧盆做底，再用灰拌泥垒起可移动的锅灶，立起一个用几片瓦扣成的小烟囱。船上有平时备好的一捆捆的苇根做燃料，有刚打捞的鲜鱼，一切齐备。渔娘菜便在这捕鱼船上做成了。

渔娘菜：小鱼咸菜

传说有一年，白洋淀草木旺盛，冰河解冻。有位江湖郎中来淀上采药。中医药学上说：“三月茵陈四月蒿，五月打来当柴烧。”同一种植物，三月采集药用价值高，四月采集只作一般药材蒿草用，若五月采集，只能晒干当柴烧了。这位郎中见千里堤上长满开着紫黄色小花的茵陈（中药名），十分高兴，在采集足够的茵陈后，感到饥肠辘辘。忽然，一股香喷喷的鱼味传来，他抬眼一望，堤边停泊的渔船上一位渔家姑娘正在烧菜，引得他口涎直流。再看渔娘被灶火映红的脸，更是诱人，便想开个玩笑，讨点儿便宜饭吃。

他走近渔船说道：“郎中采药到白洋，船上弥漫鱼菜香。非是郎中嘴太馋，渔娘色美厨艺强。”渔娘听出郎中话里有些轻佻，便搭言道：“郎中看似貌堂堂，空有一副好皮囊。想吃鱼菜须动手，何必穷酸作文章。”

这位郎中面对美丽的渔娘和清香的鱼菜，实在不甘心，便又说道：“郎中好心赞渔娘，渔娘貌美鱼味香。秀色鱼菜我都要，从今享福不用忙。”听着郎中的话越发轻佻，渔娘嗔言答道：“我做鱼菜我品尝，郎中戏言太荒唐。倘若再说无礼句，割下口条做碗汤。”郎中十分窘迫，连忙赔礼道歉，这才品尝了渔娘菜。

渔娘菜说简单点儿就是熬新鲜小鱼，说讲究也真有些讲究。小鱼要选用活蹦乱跳的，以刺软肉厚的“小山根”“鲥候鱼”为主，尽量不用刺硬的鱼。油盐酱自不必说，单是醋，就要斤鱼一两。让鱼香中有点儿辣味，红辣椒必不可少。垫锅底的咸菜选用的也都是自家腌的白萝卜，洗好后切成细丝。渔娘菜的特点为鲜、香、酥。如果围锅再贴一圈像幼儿手掌大小的薄饼子，出锅即吃，就更有渔家饭菜味道了。

白洋淀水域辽阔，气候温湿宜人，淀内水生物繁多，是物产丰富的自然水区。这里除了盛产鱼、虾、蟹、莲、藕、苇、菱角等水产，还成为野鸭的天然饲养场。淀内的鱼、虾、虫、螺蚌和水藻等为处于食物链上端的野鸭提供了新鲜食物。鸭群生活在浅淀中，不仅产蛋多，个头大，而且营养丰富，为加工制作松花蛋和卤煮野鸭提供了高质量的原料。

当地居民利用丰富的水资源优势，历代养鸭。在清朝时期，当地就开设了很多作坊，加工松花蛋，畅销北京、天津、保定等地。如今松花蛋已成为河北传统的出口食品。

人们对于舌尖上的美味总是很挑剔，如果吃过“白洋淀松花蛋”，你的味蕾便很难再接受其他地方的“皮蛋”。白洋淀松花蛋以本地产的鲜鸭蛋为原料，采用传统工艺和科学配方加工而成。若剥去蛋壳，清晰可见蛋体晶莹，呈茶褐色，半透明，形似琥珀，富有弹性，表面有松枝花纹；切开蛋体，蛋黄为深绿色或五彩色，软而不流，浓而不滴，清香扑鼻，味美适口，食而不腻，易于消化，最适佐酒，也是宴席中的美味佳品，所以在当地有“没有松花不成席”之说。

目前，白洋淀优质松花蛋以“河北皮蛋”之名驰名中外，销往日本、新加坡、菲律宾、孟加拉、泰国、马来西亚等国家和香港、澳门地区，也是来到白洋淀览胜的游客们必选的旅游美食精品。

随着健康意识的不断提高，人们对于食物也有了更高要求，煎炸腌制食品在餐桌上所占比重越来越小。反之，蒸、卤、煮等方式制作的食品越来越受欢迎。其中，白洋淀卤煮野鸭便是深受欢迎的一道美食。野鸭均是用小鱼虾、水草等饲养而成，采用传统秘方，高温卤煮，肉质鲜嫩，润而不腻，加之含有丰富的钙、磷、铁等多种微量元素，食用后有养目清心、去除毒素、强身固本的保健作用。

众所周知，在所有食品中水产品是极具营养价值的食品，是最具普遍意义的“贵族化与平民化共存”的食品。因此，白洋淀里生长的河蟹、河鱼、青虾等也成为了餐桌上的新宠。

白洋淀河蟹个大肉厚，味道鲜美，营养丰富，久负盛名。由于白洋淀河蟹海水产卵，淡水生活，3—4月孵化，6—7月入淡水，8—9月蟹正肥，所以有“八月中秋吃蟹赏月”的说法。而鼋鱼作为白洋淀的名产之一，不仅肉肥味鲜，而且营养丰富，以鼋鱼为主料的菜肴很多，有清蒸鼋鱼、爆炒鼋鱼、鼋鱼汤、红烧鼋鱼等，很受国内外游客欢迎。

说到熏鱼，先说说“熏”。“熏”为会意字，上面像火烟冒出，中间是烟突（本古“窗”字），

白洋淀卤煮野鸭

白洋淀松花蛋

白洋淀野鸭

白洋淀清蒸河蟹

白洋淀熏鱼：熏鲂鱼

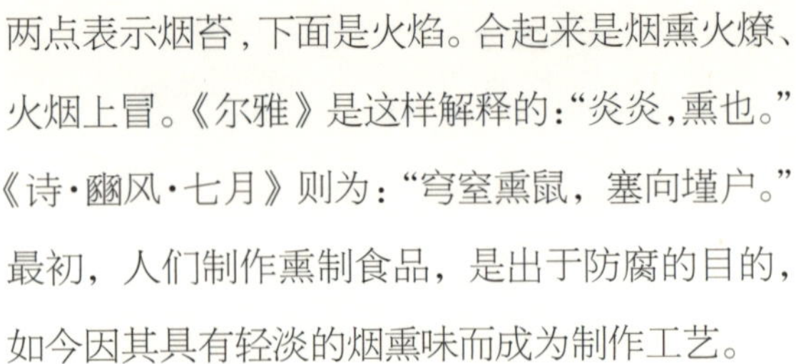

两点表示烟苔，下面是火焰。合起来是烟熏火燎、火烟上冒。《尔雅》是这样解释的："炎炎，熏也。"《诗·豳风·七月》则为："穹窒熏鼠，塞向墐户。"最初，人们制作熏制食品，是出于防腐的目的，如今因其具有轻淡的烟熏味而成为制作工艺。

白洋淀熏鱼具有浓厚的水乡风味。其独特风味主要来自熏鱼的多道工序和传统配料。熏鱼品种较多，主要根据体形大小而分。大熏鱼包括熏鲂鱼、熏鲢鱼，也有的是熏鲤鱼，操作时需要将鱼劈成两半，以便熏透；熏小鱼则指熏小黄鱼。明代《宋氏养生部》中详细记载，"治鱼为大轩，微腌，焚砻谷糠，熏熟燥。治鱼微腌，油煎之，日暴之，始烟熏之"。

青虾属于白洋淀水域的传统物种。因日本也产这种虾，因此有人也称之为日本沼虾。白洋淀青虾以其皮薄、肉质细嫩、味道鲜美在历史上被誉为著名的三大名贵青虾之一。

当然，白洋淀的水产品不仅限于此，还有水鸡、水螺等，不可尽数。除此之外，白洋淀还有着一系列的特产美味。比如白洋淀的红、白莲子。莲子有红、白莲子之分。红莲结子后，去掉黑色硬皮，莲子肉为暗红色；白莲结子后，去皮，莲肉为白色。红、白莲子营养价值高，含多种维生素，有保健强身的作用。因质脆味香，晒干后熬羹，香糯可口，过去一直为宫廷营养用品。

再如藕，白洋淀的藕，素以洁美、质细、脆甜、入口无渣滓而久负盛名，同时也是白洋淀一带居民餐桌上不可或缺的一道美食。无论朋友相聚宴请，还是婚宴席上，都少不了凉拌藕丝这道凉菜。藕被切成片后，中间一大孔，周围六小孔，存放一天不变色。将藕用手轻轻掰开后，藕丝长长，很好地诠释了"藕断丝连"这个成语。

中国的美食，无一不产生于肥沃丰饶之地，物产丰富、百姓富庶、温饱无忧才会追求精致的美食。

雄安新区依傍白洋淀这片富饶的水域，在历史的进程中，能够形成独具特色的北派美食，无疑是值得铭记的一件事情。

其实，除了上述的特产，雄安新区还有着许许多多的风味美食让人过口难忘，垂涎欲滴。鸡

白洋淀青虾：卤河虾

白洋淀凉拌藕片

满载而归

里蹦、龙凤鸭、鲶鱼疙瘩汤、小虾糊饼、水乡杂烩、炖鱼肠、锅包鱼……也都是享誉一方的特色菜肴。

雄安传统之美味，仿佛让人从中呼吸到未来雄安新区的幸福味道……

汗水与收获

美之韵：蒹葭湖光的圣境

雄安之美，美在烟波之浩渺。

山水相连，万物相依。“一望湖天接渺茫，蒹葭杨柳郁苍苍。”浩瀚广袤的白洋淀为世间留下永恒之美。勤劳的雄安人民依白洋淀而生，古老的雄安三县环白洋淀而建，白洋淀美丽的风光丰盈了雄安万千百姓。

万物此消彼长，人类繁衍生息，人与自然和谐而居。当年，康熙大帝来到白洋淀，忍不住诗兴大发：“遥看白洋水，帆开远树丛。流平波不动，翠色满湖中。”白洋淀，处处风景，处处诗意。

每一处风景，都有一段神奇的传说，无数动人的故事，都能找到它们的出处。

中国幅员辽阔，地势雄伟，从而造就了无数美丽的名山大川。

就山而言，闻名“天下”的就有“泰山天下雄”“黄山天下奇”“华山天下险”“峨眉天下秀”“青城天下幽”等。黄山、华山、天柱山等有着造型优美的花岗岩山岳景观；峨眉山、太白山、贡嘎山等因地层齐全、构造典型和动植物种类丰富，而被誉为“天然地质博物馆”和“天然生物园”；承担起黄土高原与华北平原分界线的巍巍太行山，积淀着中华民族优秀文化的无尽内涵。中华民族的祖先炎帝曾在这块古老的土地上开拓耕耘，繁衍生息，创造了光辉灿烂的文化，给人类留下了极为珍贵的历史遗产。

对水而言，长江、黄河是中华民族的“母亲河”，孕育了璀璨的华夏文明。青海湖、杭州西湖、浙江千岛湖、西藏纳木错、川滇泸沽湖、黑龙江镜泊湖……都绝美一方，引无数游人流连忘返，神之往之！

中国山水之美，造就了中国人伟岸的体魄、宽阔的胸襟、柔美的情怀、诗情画意的艺术修为。在中国壮美的山河里，雄安新区也因白洋淀这一美丽的名字而多了一抹润泽绚丽的色彩！

“汪洋浩淼，势连天际”，这是明代人对白洋淀的描述。历史上的白洋淀水量丰富，上游潴龙河、孝义河、唐河、府河、漕河等九河注入，史称“九河下梢”；下游湖水，则经淀东的赵北口东流，与海河相通。

典籍中灵动的古白洋淀

大自然的鬼斧神工，让我们这个星球有了高山、大海、湖泊和沙漠，有了日出日落，花谢花开，让我们看到四季的变幻，山河的雄奇壮美。作为雄安新区的核心水系“华北之肾”，白洋淀在其形成过程中，也经历了上万年的历史。

据《白洋淀国土经济初步研究》一书介绍：

古白洋淀位于新生代以来由于差异性断陷下沉所形成的冀中凹陷之中。到新生代新三纪，冀中凹陷趋于填平，形成古白洋淀——文安洼古湖盆区。新生代第四纪，发源于太行山的河系，在太行山东麓形成了冲积扇，低洼地带形成洼淀。随着气候变化，海水入浸，古白洋淀水域时而扩张，时而收缩。

在早全新世后期，原已干涸的白洋淀再度兴起。

在中全新世期间，河北平原东部发生海浸，海面上升，河流排水不畅。同时，气候潮湿多雨，河水增加，从而使白洋淀水域，扩张到全新世以来的最大范围。北起永清、霸县（州）、雄县、容城，西至保定、清苑、望都、定县（州），南至安国、博野、肃宁、河间，东面与古文安洼水域相连。

到晚全新世，气候转向干旱，雨量变小，白洋淀水变浅，水域范围收缩，局部干涸，水域连片的古白洋淀逐步解体。

由此可见，白洋淀的形成有着漫长的历史过程。在其形成的远古时期，华夏民族孕育而生。邂逅是一场互为机缘的美丽，此后的千年，白洋淀与华夏民族一同开启了文明的进程。

古黄河孕育了中华民族的文明同时，也用她的血脉造就了“华北明珠”白洋淀。传说大禹治水，开凿河道，引洪入海，正是经过现在的白洋淀地区，把黄河水引入了渤海。

据《山海经》记述，上古时期，白洋淀一带是黄河故道。当时，黄河下游存在着三条主要干流河道。

一条是《山海经·北山经》所载的“山经河”。它大致从现今河南荥阳广武山麓起，经过今新乡、滑县、浚县，沿太行山东麓北流，经今深州、蠡县东、高阳西、安新折而东流至永定河冲积扇南缘，横穿今白洋淀，折向东流，经过现今大清河北一线，至天津后入海。

一条是《尚书·禹贡》所载的“禹贡河”。它在今河北深州以上一段与《山海经》所记载的大河相同，深州以下则折而流向东北，经过今青县，由天津市区南部入海。

还有一条是《汉书·地理志》所载的“汉志河”。在今河南浚县西南古宿胥门以上与前两条河道相同，自古宿胥门以下则向东北流经今河南濮阳西南，折北经今河北馆陶东北，折东经高唐南，北经东光西，再向东北流经今黄骅市，东入渤海。

战国时代，白洋淀流域成为“燕南陲、赵北

际”的军事要地。

燕国在此筑有三台城、浑泥城，赵国在南边的安州筑有葛城，两国遥遥相对，虎视眈眈。荆轲的慷慨悲歌“风萧萧兮易水寒，壮士一去兮不复还”的故事，就发生在白洋淀流域的易水之源。

公元前314年，燕王一为阻止淀水的北泛，二是防止敌国的入侵，沿古黄河流经的白洋淀北岸，筑起了一道五百余里的长城，称为“燕长城”。从此奠定了白洋淀自古至今的北界。如今，安新县著名的翠堤春晓步行街，就建在当年燕长城的旧址上。伫立步行街，回望历史，仿佛烽火连绵、人喊马嘶的场面又隐隐地浮现在眼前。

大约在公元前4世纪中叶，齐与赵、魏各在当时的“汉志河”东、西两岸修筑了绵亘数百里的堤防。此后，“禹贡河”“山经河”断流，黄河专走“汉志河”，一直到东汉永平十三年（70年）后，古黄河改道南移。由于河北平原地势平坦，水流较缓，而黄河中游带来的泥沙容易沉积，使河床逐渐淤高。加之没有堤防约束，到汛期时河水经常泛滥，河流时常改道，有时可能分成多股河道，分流入海。数条古河道形成的古河床高地间的低洼地区由于积水，形成了大大小小的湖淀，即古白洋淀的原始形态。

北宋时期，宋辽对峙，以白沟沿线为宋辽国界，因此有界河之称。为抵御辽兵南犯，北宋王朝采纳何承矩的建议，构筑塘泊防线。随着宋在界河沿途设塞屯兵，围堤屯田工程不断扩大，又沿今保定至安新、雄县、霸州，直到青县附近沿

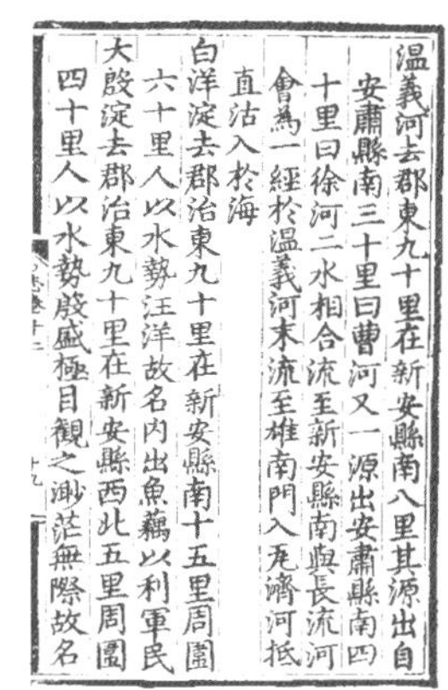

温義河去郡東九十里在新安縣南八里其源出自
安肅縣南三十里曰曹河又一源出安肅縣南四
十里曰徐河二水相合流至新安縣南與長流河
會為一經於溫義河末流至雄南門入瓦濟河抵
直沽入於海
白洋淀去郡治東九十里在新安縣南十五里周圍
六十里人以水勢汪洋故名内出魚藕以利軍民
大殷淀去郡治東九十里在新安縣西北五里周圍
四十里人以水勢殷盛極目觀之渺茫無際故名

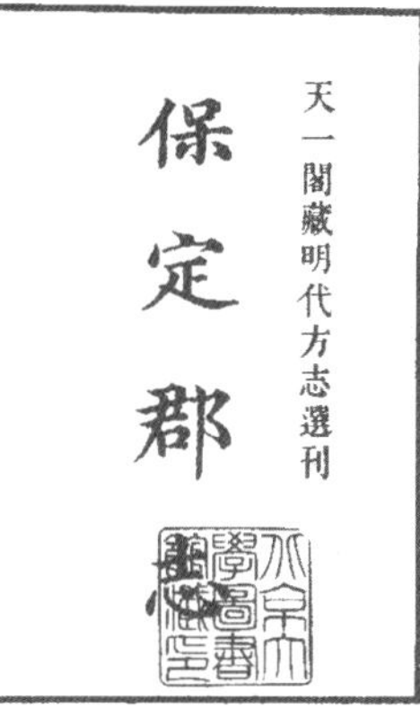

弘治《保定郡志》书影

线开辟许多塘泊，利用这里地势低洼的特点，把一些河流与淀泊连接起来，引水灌溉，“广开水，以限戎马”，构成了一条完整的塘泊防线，形成了由河网、沟壕、水田、淀泊组成的“水长城”，使雄安变成了水乡泽国。宋代大诗人苏辙曾来到雄县，并感叹道：“燕南赵北古战场，何年千里作方塘。”

直至明代，白洋淀形成了现在的名字，并沿用至今。弘治《保定郡志》记载：“白洋淀，去郡治东九十里，在新安县南十五里，周围六十里，人以水势汪洋故名。”

盛世王朝的一碧万顷

在明末清初时，白洋淀地区连年大水，九河泛滥，堤防决口，以致“田庐漂没”，安州、安新城外“水深丈余”。为防治水患，当时在淀区周围大筑堤防，安新县境“堤堰蜿蜒可数百里或

数十里”。

康熙五年（1666 年）以后，直隶巡抚奉旨“发帑万金”，在安州“筑堤一百二十里”，使上游十余年来免除水患，但下游水害反而更为严重。康熙三十五年，一场大水，东西南北四堤全被冲毁。于是，原河道总督任新奉旨“查勘各处堤工，发帑修筑”，朝廷也派内阁学士观保发帑一万五千两，将堤防修筑坚固。不料，康熙三十六至三十八年连续三年，安新“迭遭大水”，康熙皇帝又命原直隶总督吴赫出资大力修筑安新堤防。

在治理水淀的同时，还依村傍水分别在赵北口、郭里口、端村、圈头等地修建了四处行宫，以作阅视河工或水围驻跸之用。康熙皇帝在位期间，先后来白洋淀就达三十六次之多。

雍正三年（1725 年），白洋淀淅淅沥沥降了一个多月的雨，导致河水泛滥，东西南北堤围均被冲为平地。雍正派怡亲王允祥、大学士朱轼“查勘直隶水利”，治理白洋淀。他们提出疏浚东、西二淀，多开引河，围堤造田，加固堤防的治水营田方案。

由于东、西二淀横跨雄、霸等十余州县，广袤百余里，境内有六十多条河道，因此当时提出要治理直隶之水，须首先从治理东、西二淀开始。凡能存水的古淀，都疏通开掘，使之深广，并多开引河，使淀淀相通；对已经淤为平地的地方，要四面开渠，中部要开凿河沟，使渠河相连，河淀相通，并将淀内原有河道疏通，形成网络，经纬条贯，脉络交通，水长流而不枯竭，水多时也不会泛滥。对环淀的原有堤岸，修葺加高，没有堤防的地方，根据情况修筑了堤防。

或许雍正皇帝也没有想到，当初他的这一英明举措，不仅使得白洋淀旁的百姓得以安居，更因他疏通开掘、修筑堤防，从而奠定了白洋淀今天美丽风光的基础。

众泊捧月望白洋

白洋淀，烟波浩渺，大面积的芦苇荡和千亩连片的荷花淀构成美丽的泼彩水墨画，蔚然而深秀。

白洋淀共有大小不等、形状各异的淀泊一百四十多个，淀周围散落着近四十个村落，由堤防围护。淀内壕沟纵横，河淀相通，田园交错，水村掩映；淀上波光荡漾，水鸟啁啾，芦苇婆娑，荷香暗送，烟波浩渺，势连天际，构成了一幅生态美景。素有“华北明珠”之称，亦有“北国江南、北地西湖”之誉。

白洋淀水光天色，美不胜收。

春天，芦苇出水，满淀青翠，每逢清晨，红日映透淀底，白洋淀好像披上了绿带霞衣；夏天，淀水涨满，鱼跃水面，绿苇摇曳，菱叶灿灿，荷花吐艳，一派水乡景色；秋天，芦花纷飞，稻谷飘香，鸭鹅成群，莲菱遍布，小舟穿梭往来，渔歌此起彼落；冬天，地冻冰封，一片碧玉，恰似一面巨大的明镜镶嵌在冀中的原野上。

白洋淀的芦苇不仅品种多，而且布满全淀，它们苇根连苇根，苇叶挨苇叶，挨挨挤挤，郁

白洋淀湿地长廊

水光悦鸟性

白鹭戏水

白洋淀芦苇

郁葱葱。每遇风浪骤起，纤细的芦苇，互相扶持着，尽显生命的顽强。春来芦苇芽生叶茂，夏秋季节，水长苇也长，那长长的苇叶随风摇摆,如一青春少女般曼妙地舞蹈。冬至苇花飒飒。白洋淀的芦苇成熟了，芦花便以它银灰色的花絮，在飒飒寒风中飘飘扬扬，撒满大淀，落遍水乡的房顶。成熟后的苇子被人们割下，经过掐头去尾打磨之后，打箔织席，铺房扎囤，编篓围栏，成为生活的器物，也化为孙犁等作家笔下的美好文字。

白洋淀水产资源丰富，是有名的淡水鱼场，盛产鲑鱼、鲤鱼、青鱼、青虾、河蟹等，加之水生植物遍布，野鸭大雁栖息，这里的人们可以捕捞鱼虾，采挖莲藕，猎取各类水禽，一年四季，一片繁忙。故被人称为“日进斗金，四季皆秋”的聚宝盆。

除了物产极为丰富之外，白洋淀在调节气候、补充华北地区的地下水、减轻气候干旱程度、维护京津及华北地区生态环境等方面，都起着重要作用。

在白洋淀旅游，或乘汽艇或摇木船，穿行于纵横交错的芦苇丛中，绿水碧波，芦花洁白，鹅鸭成群，肥鱼满舱，一派水乡风情，让人流连忘返；若客人想品尝水鲜，白洋淀盛产鱼虾，虾则体大肉厚，鱼则个大肉嫩，是宴席上的佳肴；如果你想体验一下渔家风情，就上得船来和渔民一起拉网捕鱼，或者下到淀中抓捕鱼虾；如果你向往渔家悠然自在的生活，“欲伴渔翁钓艇”，那就

捕鱼

Ronaldino
Ronaldino

采莲汉子

备一钓鱼竿，享受垂钓之乐。

白洋淀内，还有一处气势壮观的宏伟建筑，那就是白洋淀的王牌景点之一——白洋淀文化苑。

白洋淀雁翎队纪念馆、康熙水围行宫、沛恩寺、钱屏、东堤烟柳、西淀风荷、白洋淀水生植物园、嘎子村等八个景点，涵盖了革命传统文化、绿色文化、荷花文化、民俗文化、历史文化、佛教文化、渔家文化等八大文化，是开展爱国主义教育、观赏自然美景、体验水乡风情的绝佳去处。

“白洋大湖浪拍天，苍茫万顷无高田。鼋鼍隐见蛟龙走，菡萏参差菱荇连。……适来适去一苇间，四时风浪舒心颜。须知人世无多事，撑得虚舟心自闲。”先贤的一首《白洋大湖歌》，道出了白洋淀秀美的风光。

其实，雄安自然景色之美，绝非几处风光能够说得尽、道得全的。

不到淀中来，你怎知春色几许。

清新雅美的荷花淀派

提到淀子，说到湖泊，大多数人都会想到江南。

曲径荷香风戏水似乎成了南方的符号，可是一处北方的淀子却因了一个人的一篇文章而驰名中外、家喻户晓。这个人就是荷花淀派的开创者孙犁。这个淀子就是白洋淀。

月亮升起来，院子里凉爽得很，干净得很，白天破好的苇眉子潮润润的，正好编席。女人坐在小院当中，手指上缠绞着柔滑修长的苇眉子。苇眉子又薄又细，在她怀里跳跃着。

相信很多人第一次了解白洋淀，都是从中学课本上孙犁的这篇《荷花淀》开始的。《荷花淀》中优美的织苇画面，也让我们第一次感受到文字的曼妙——

要问白洋淀有多少苇地？不知道。每年出多少苇子？不知道。只晓得，每年芦花飘飞苇叶黄的时候，全淀的芦苇收割，垛起垛来，在白洋淀周围的广场上，就成了一条苇子的长城。女人们，在场里院里编着席。编成了多少席？六月里，淀水涨满，有无数的船只，运输银白雪亮的席子出口，不久，各地的城市村庄，就全有了花纹又密、又精致的席子用了。大家争着买：“好席子，白洋淀席！”

于是，白洋淀便随着孙犁的文字声名远播。

1947 年，孙犁重访白洋淀，写下《一别十年同口镇》一文。其中写道：“这次到白洋淀，一别十年的旧游之地，给我很多兴奋，很多感触。想到十年战争时间不算不长，可是一个村镇这样的兑蜕变化，却是千百年所不遇。”

我想，如果有在天之灵，孙犁到雄安新区寻芳，故地重游，面对千年大计的新区，他的“感

冬日

孙犁生活照

触”一定会更多的……

孙犁是河北安平人。1936年，二十三岁的孙犁高中毕业后，经同学介绍，到安新县同口镇完全小学当教员。于是，他对白洋淀一带人民群众的生活有了初步了解。虽然在这里生活的时间并不长，但这一段期间的生活对孙犁的一生却产生了深远的影响。1945年，在延安鲁迅艺术文学院学习和工作时，孙犁在延安《解放日报》上先后发表了著名的短篇小说《荷花淀》《芦花荡》。《荷花淀》发表后，受到了各方的关注，重庆《新华日报》和各解放区的报纸纷纷转载，新华书店也迅速发行了单行本，香港的书店也予以出版。

孙犁小说的荷花一样清新独特的艺术风格引起了文坛广泛的关注。“他的文字，莫论长短，皆清柔似水，恰如白洋淀之菡萏，暗香袭人。”他所描写的白洋淀地区的乡风民俗、老屋炊烟跃然纸上，被读者赞为“真实得让人魂牵，细腻得让人陶醉，美丽得让人心碎，感动得让人落泪”。也正是他的《荷花淀》系列小说，确立了他在中国现当代文坛的地位。他的著名短篇小说《荷花淀》、长篇小说《风云初记》等，开启了中国“诗化小说”的先河。其中，《荷花淀》《芦花荡》分别是孙犁的“白洋淀纪事之一、之二”。

“荷花淀派”得名，不仅源于白洋淀，也源于孙犁。

从20世纪40年代开始，孙犁陆续写出了《荷花淀》《芦花荡》《白洋淀边一次小斗争》《采蒲台》《琴和箫》《同口旧事》《白洋淀之曲(诗歌)》等有关白洋淀的作品；到50年代中期，以孙犁为旗帜，以刘绍棠、丛维熙、韩映山、房树民等为代表的作家群落逐渐形成。他们以清新、明丽、婉美的风格和浪漫主义色彩，共同成就了中国现当代文学史上影响广泛的一个文学流派——“荷花淀派”。

也正是由于孙犁的开创性贡献和这个作家群落的集体塑造之功，才成就了白洋淀的赫赫声名。

70年代，孙犁曾重返白洋淀，创作了京剧脚本《莲花淀》和《戏的梦》。他的小说及散文，以白洋淀风光为背景，朴素明丽、清新柔美，文笔婉约流畅，带有浓郁的浪漫主义色彩。因此，人们盛赞孙犁为“白洋淀之父”。

或许是白洋淀成就了孙犁，或许是孙犁成就了白洋淀，或者他们本就融为了一体。所以提到白洋淀必然会提到孙犁，说到孙犁也一定会谈到他的《荷花淀》，谈到白洋淀。

“纵观孙犁的一生，无论是他的革命经历还是小说创作的辉煌成就，都与白洋淀有着密切的联系。从地域文化的角度来看，抗日战争的烽火硝烟与白洋淀的秀美风光、淳朴民情，成就了孙犁和他的抗战小说，孙犁与白洋淀有着不解的文学之缘。”

孙犁逝世后，白洋淀人民为表达对他的深切怀念，纪念他的光辉革命历程和辉煌文学成就，安新县委、县政府在白洋淀荷花大观园修建了孙犁纪念馆。

白洋淀水乡，无疑是荷花淀派文学获得灵性的源泉。

孙犁之后，芦苇、白洋淀，早已成为美丽的意象，一次又一次地进入文人墨客的视野，化为艺术作品被世人传颂。同样，这块土地也孕育和滋养了充满现代性特质的白洋淀诗群。

在20世纪六七十年代的上山下乡运动中，白洋淀知青点独领风骚，在此插队的多多、芒克、林莽等人，虽没有清晰地意识到白洋淀将成为诗歌的一个“摇篮”，但仍有人说白洋淀“显然具有一种不无强大的文学和文化的召唤结构”。

在这片浪漫的土地上，北岛曾写道：“白洋淀的广阔空间，似乎就是为展示时间的流动——四季更迭，铺陈特有的颜色。不少北京知青到这儿落户，寻找自由与安宁。”而诗人林莽则时常听到白洋淀的“呼唤”，他在《水乡纪事》中是这样表达自己的心境的：

如果你还记得我

那些被收割的芦苇在一片片倒下

淀子已进入了深秋后的开阔

脚下落下很软

隔岸，我听到了你的呼唤

可以说，白洋淀的灵秀之水，滋养了“荷花淀派”，也滋养了“白洋淀诗群”——这是一方颇具文学气质的土地！

2017 年 4 月中旬，我们来到白洋淀。

春和景明，波澜不惊。在淀边的芦苇丛里，随处可见留守的野鸭家族，像一艘艘抛锚的小船，闭着眼，静静地做着春天晴暖的梦。忽地，水面上犁出一道道水纹，那是她们在嬉戏，在爱恋。河岸上，柳树下，小村头，处处可见彩翼的野鸡，在与三三两两的家鸡玩耍，欢快异常，丝毫不避路人……

倏地，雄安新区的未来和谐之美景，在脑海中闪现。

城市，是人类社会物质文明和精神文明的结晶。城市发展，是方方面面的和谐，特别是人与大自然的和谐。

这，本身既是一个过程，又是一种文化现象。

保护具有地方特色的历史文化环境，保存街巷空间的记忆，保持城市景观的时间和空间的延续性，是人类文明发展的需要，也是联结世世代代生活在城市中的人们的精神纽带。

纵观历史，我们可以发现人类社会结构及价值观念的变化不可能像技术的发展那样快。城市的社会、文化、环境等方面具有一定程度的延续性。城市的历史保护“不只是为了过去而过去，而是为了现在而尊重过去”。

一个长久保持的记忆，将形成城市文明的统一和延续，促进城市精神的形成和发展。

相信，在雄安新区建设步伐加快的同时，白洋淀——这颗曾经在河北大地上璀璨夺目的华北美丽明珠，必将更加多姿多彩、熠熠生辉……

中国梦是美好的，雄安新区的愿景也是美好的！

初雪

梦到水乡

守得莲开结伴游

后记

白洋淀区域不仅是河北的重要水源地，也是中华文明的重要发祥地之一。

仰韶文化、龙山文化遗址的发现，彰显了其历史源远流长；巍巍太行山的雄壮、悠悠白洋淀的轻柔，形成了其如画的自然风光；边关古道的沧桑、历史人文的悲壮，造就了其卓绝的精神世界；物产丰富的美食、独具特色的艺术，丰富了其富足的现代生活。可以说，这是一片拥有历史之美、人文之美、山水之美、饮食之美的风水宝地，是上苍对生活在这片土地上的人们最好的赐予。

2017年4月1日，雄安新区横空出世，为白洋淀这颗“华北明珠”和雄县、容城、安新及周边部分区域插上了腾飞的翅膀，揭开了京津冀协同发展的历史新篇章。

然而，雄安历史文化内涵博大精深，雄安之美也绝非一山一水可以蕴含、展现。为了更好地体验雄安与众不同的美，为创作积累素材，2017年4月，我们丛书创作组一行四人，亲赴雄安，与丛书的组织策划者进行了创作上的交流；与白洋淀、瓦桥关、宋辽古战场等作品中需要提到的现场有了一次亲密接触；并向当地的百姓了解了白洋淀区域的风土人情……

本书创作的过程，其实也是笔者对雄安历史、人文、艺术、饮食和自然风光的一次深入了解、致敬的过程，若非本书创作，笔者终生也难以如此全面地对这片土地进行如此深入的了解和发掘。融入每一个场景，我们深深地感受到了这片土地与众不同的魅力！

经过几易其稿，《美哉雄安》终于与大家见面，虽然不能完全涵盖雄安之博大精深的美丽，但足以反映出雄安这片神奇的土地上，其历史的演化、过去的辉煌与未来的希望！受阅历、知识面限制，作品中提到的一些历史环节若有出入，敬请读者见谅。

“长风破浪会有时，直挂云帆济沧海。”如今的雄安，已经踏上了远航的征程，希望的种子已经播下，未来一片光明！

雄安，美哉；美哉，雄安！

编后语

由河北大学出版社策划并与河北大学雄安传统文化研究中心、保定市文化广电新闻出版局联合推出的“魅力雄安丛书”终于面世了。

河北雄安新区的设立，吸引了中国乃至世界的目光。

巨大的历史机缘，缩短了历史与现实的距离，再一次将我们拉回到对于这片有着悠久历史、充满了人文传统、承载着文化传承的古老土地的关注与探寻。

史载，禹分九州，“冀”为其首。历史上，“燕赵”始终是河北的典型符号。然而，赵南燕北，燕与赵在历史文化上既有着无法割裂的贯通之同，也有着文脉承袭的迥异之别，其中，雄安所处则向为幽燕文化的核心区域，具有典型的燕文化特质。

其一，雄安文化的源头是“幽燕文化”。雄安地区在历史上的不同时期曾属燕国、幽州，故史称“幽燕”，历代诗文中，多以“幽燕”特指。雄安地区的文化，用“幽燕文化”来定义，应是较为准确的选项。自“荆轲刺秦”起，每当中华文明、中华民族面临生死抉择时，最先被唱响的往往是一曲激扬民族精神的令人荡气回肠的《易水歌》，它就像人体的免疫细胞一样，唤醒着国家与民族的自愈能力。

其二，雄安地域一直是汉民族与北方各民族接触的前沿区域，有着多民族融合的文化印迹。至迟自燕弃侯称王时起，便以修建长城的方式来“隔疏”与北方各民族的接触；五代、辽、宋时期的边界直接推移到了今容城、雄县一带，汉民族与北方各民族的文化界限，从此变为以“地下长城”——宋辽古战道为象征物。象征物的变化，标志着民族接触的加强与融合的加快。雄安地区也因此成了“杨家将”“萧太后”等民族文化记忆的核心；随着全国政治中心的北移，明、清成为中国历史上北方地区汉文化与各民族文化大碰撞、大融合的又一重要时期，雄安地区无疑是这一深刻变革的亲历者和见证者。民族文化的接触、碰撞、融合，是优秀文化基因的相互吸收，是有着更强生命力的中国北方文化直至中华文化的塑造与熔铸。

其三，宋辽文化是雄安地区文化的重要内容。雄安地处宋辽交界处，是北方民族交流的重要区域。两国的百年和平，形成中国历史上新的南北朝。当时，两国交密，欧阳修、苏辙、沈括等都曾作为使臣出使辽国。他们通常从白沟出发，经涿州、北京、承德、平泉，最终抵达赤峰。这条线路的打通，标志着丝绸之路和茶马古道向中国北方内陆直到东北亚地区的大规模延伸。历史上，契丹民族正是通过将幽燕地域农业人口迁徙至其腹地，奠定了东北文化的根基，这在世界移民史上实属独特、罕见。

其四，历史文脉是因有效的、不间断的继承所形成的文化发展脉络。就雄安地域来说，历史文脉主要由汉语方言、地方文教传统、地方非物质文化遗产等加以体现。方言是文化的主要载体之一，直到现在，雄安地区的汉语方言仍然保留着五代—辽—北宋对峙时期所形成的语言格局，辽代汉语的语音底层尚留存于方言之中；地方文教传统是一个地方社会整体上对教育的重视程度，它能够使相应地域持续地维持住其文化个性；地方非物质文化遗产是人民创造的特殊的文化成果，是地方文化最鲜明的代表。雄安地域的非物质文化遗产丰富多彩，反映出雄安人民所具有的非凡的智慧和无尽的创造力，这是历史文脉得以延续的坚实基础。

其五，雄安地区在中国近现代文化中也具有十分重要的地位。白洋淀是“荷花淀派”文学流派的核心母题之一，是抗战文化中一个有着深厚精神积淀的标志性意象。以冀中白洋淀抗战历史及其文化为代表的抗战精神，延续着历代雄安人民不屈不挠的品格特质，构成了雄安地区新的文化传承目标，也是雄安新区在当代的建设发展中不可或缺的文化底蕴。

……

历史在这里延续。

文化在这里传承。

辉煌在这里续写。